U0081596

心一堂彭措佛緣叢書‧劉兆麒大圓滿譯著文集

普巴金剛
空行黑忿怒母
大圓滿前行
等八種合集

劉兆麒　編譯

書名：普巴金剛、空行黑忿怒母、大圓滿前行等八種合集
系列：心一堂彭措佛緣叢書・劉兆麒大圓滿譯著文集
編譯：劉兆麒
責任編輯：陳劍聰

出版：心一堂有限公司
地址/門市：香港九龍尖沙咀東麼地道六十三號好時中心LG六十一室
電話號碼：(852)2781-3722 (852)6715-0840
傳真號碼：(852)2214-8777
網址：www.sunyata.cc
電郵：sunyatabook@gmail.com
心一堂 彭措佛緣叢書論壇： http://bbs.sunyata.cc
心一堂 彭措佛緣閣： http://buddhism.sunyata.cc
網上書店： http://book.sunyata.cc

香港及海外發行：香港聯合書刊物流有限公司
香港新界大埔汀麗路36號中華商務印刷大廈3樓
電話號碼：(852)2150-2100
傳真號碼：(852)2407-3062
電郵：info@suplogistics.com.hk

台灣發行：秀威資訊科技股份有限公司
地址：台灣台北市內湖區瑞光路七十六巷六十五號一樓
電話號碼：(886)2796-3638
傳真號碼：(886)2796-1377
網絡書店：www.govbooks.com.tw
經銷：易可數位行銷股份有限公司
地址：台灣新北市新店區寶橋路235巷6弄3號5樓
電話號碼：(886)8911-0825
傳真號碼：(886)8911-0801
網址：http://ecorebooks.pixnet.net/blog

中國大陸發行・零售：心一堂・彭措佛緣閣
深圳流通處：中國深圳羅湖立新路六號東門博雅負一層零零八號
電話號碼：(86)755-82224934
北京流通處：中國北京東城區雍和宮大街四十號
心一堂官方淘寶流通處：http://shop35178535.taobao.com/

版次：二零一三年十二月初版，平裝

	港幣	一百一十八元正
定價：	人民幣	一百一十八元正
	新台幣	四百八十元正

國際書號 ISBN 978-988-8266-32-6

版權所有 翻印必究

前　言

藏傳佛教寧瑪巴大法，浩如煙海，總括起來，可分為隆欽及伏藏二種法門。隆欽正宗，由蓮師弟子隆欽然絳巴及吉美林巴（漢譯為持明無畏洲）等歷代大德所著。伏藏法門，由伏藏主炯帝林巴傳承。至於本書所譯《空行黑忿怒母密行金剛心要》及《金剛童子現證加持幻海修法儀軌》二種，屬最新伏藏法門，該法門源於何時，則眾說紛紜，據青海果洛貝瑪白扎寺莫金多傑活佛云：其法門創於清末至民國初年，在伏藏中，另成一派。誠然，以上二種儀軌則出於該寺藏經。《意金剛事業橛》等四種簡修儀軌，是於西元二零零五年仲夏，因殊勝因緣，青海貴德縣嘎讓寺洛賽夏珠活佛由於治療眼疾在天水七里墩一居士家小住，應弟子請求，賜於藏文法本，其弟子張建軍求余翻譯。至於（大圓滿深慧心髓前行念誦儀軌．顯示通智妙道），屬四川甘孜白玉縣阿宗寺木刻本，它於一九九八年左右由上海玉佛寺釋念慈譯成漢文。其譯文文辭華美，準確無誤，曾由劉立千先生作序肯定。但遺憾者，念慈法師並未音譯，給一個完整的法本留下缺陷。使華語修行者，無法用標準藏音進行念誦，這次愚一併補上音譯部分。

本書在語音方面，採取了以安多語音為主，兼顧康巴及拉薩語音，以方便修持中念誦。末法時代，若一個無上大法公諸於世，修行者若誓言壞失，則會出現種種法障，實為不易也。為此，希金剛同道珍惜此殊勝大法，護持三昧耶誓言，先於上師處求授灌頂，然後修持，則會息除道障，證得不共悉地。唯願蓮師大法永久住世，蓮師事業繁榮昌盛，饒益有情眾生！

另外，在翻譯過程中，西北民族大學藏學院副院長扎西才讓教授（博士生導師）及天水市文亮琴行張文亮先生在書稿列印、審校、編輯等方面提供了諸多方便，在此一併鳴謝。

瑜珈行者　劉兆麒

西元二零零五年於上海

目　　錄

目錄

༄༅། །ཆོས་ཉིད་ནམ་མཁའི་ཀློང་མཛོད་ལས༔ མཁའ་འགྲོ་ཁྲོས་མ་ནག་མོའི་ཡང་གསང་གི་སྒྲུབ་པ་ རྡོ་རྗེའི་སྙིང་པོ་བཞུགས༔

法性空行界

空行黑忿怒母密行金剛心要

劉兆麒 譯

༔ན་མོ་གུ་རུ་ས་ར་པ་ཡེ༔

南無格惹薩日阿巴耶！

頂禮上師海！

ཀྱཻ༔ རང་རིག་ཡེ་ཤེས་མཁའ་འགྲོའི་དལ༔

嗟！　讓仁伊喜卡卓達，

啊！ 自性智慧空行壇，

འདུ་འབྲལ་མེད་པར་སྐྱབས་སུ་མཆི༔

嘟扎美巴爾嘉蘇卻，

無有離合永皈依，

ཁམས་གསུམ་འཁོར་བ་སྐུ་གསུམ་ངང༔

康松科哇格松昂，

三界輪迴三身相，

རང་གྲོལ་ཆེན་པོར་སེམས་བསྐྱེད་དོ༔

讓卓欽布桑吉朵。

發心自我大解脫。

ཧོ༔ གཞི་དབྱིངས་ཁྱབ་བདག་ཆེན་མོ་ཡིས༔

火　伊央恰達欽莫伊，

基界遍主大佛母，

ཡེ་ཤེས་གསང་ཆེན་དབང་བྱིན་ཕོབས༔

伊喜桑欽昂興頗，

賜智慧密大灌頂，

བཛྲ་ཨ་བེ་ཤ་ཡ་ཨ༔

貝雜爾阿貝夏雅阿，

ཧོ༔ ཡུལ་དྲུག་འདོད་ཡོན་སྣང་བའི་ཚོགས༔

火 優智朵雲囊威切，

顯現六境妙欲法，

རང་བྱུང་མཆོད་པའི་སྤྲིན་དུ་ཤར༔

讓雄卻比真嘟夏爾。

自生供養雲升起。

ཨོཾ་ ཨཱཿ ཧཱུྃ་ ཧ་ ཧོ་ ཧྲཱིཿ

唵阿吽哈火舍

ཨ༔ ཆོས་དབྱིངས་སྐྱེ་མེད་ཡུམ་གྱི་མཁར༔

阿 切央吉美優吉卡爾，

法界無生母壇城，

ལྷུན་གྲུབ་བདེ་ཆེན་གཞལ་ཡས་སུ༔

林智帝欽雅伊蘇，

任成大樂越量宮，

མ་ཆགས་སྐྱོན་བྲལ་པད་ཉིའི་སྟེང་༔

瑪恰君扎貝尼登，

無欲無垢日蓮上，

ཐུགས་རྗེའི་རང་རྗལ་ཁྲོས་མ་མཐིང་༔

陀吉讓作垂瑪彤，

慈悲自生黑忿母，

ཞལ་གཅིག་ཕྱག་གཉིས་གྲི་ཐོད་ཅན༔

夏吉夏尼智妥堅，

一頭二臂持月刀，

ཁ་ཊྭཱཾ་ཀ་བཀལ་གར་སྟབས་མཛད༔

卡章噶嘎噶爾達作，

腋脅天杖舞姿態，

ཞལ་གདངས་ལྗགས་འདྲིལ་མཆེ་བ་གཙིགས༔

夏當嘉智其哇則，

張嘴呲牙舌捲曲，

དམར་ཟླུམ་སྤྱན་གསུམ་སྣང་མིག་གཡོ༔

瑪得堅松當莫優，

三目圓睜紅瞋恚，

དབུ་སྐྲ་དམར་སེར་གྱེན་དུ་བརྗེས༔

烏扎瑪塞金都吉，

紅黃頭髮向上卷，

དུར་ཁྲོད་ཆས་རྫོགས་མེ་དཔུང་འབར༔

嘟楚其佐梅宏巴，

屍林裝飾火熾燃，

ཡེ་ཤེས་སྒྱུ་འཕྲུལ་རོལ་པའི་རྩལ༔

伊喜吉赤若威作。

智慧神變遊戲力。

ཤར་དུ་རྡོ་རྗེ་མཁའ་འགྲོ་དཀར༔

夏都多傑卡卓嘎爾，

東方金剛白空行，

ལྷོ་དུ་རིན་ཆེན་མཁའ་འགྲོ་སེར༔

洛惹仁欽卡卓塞爾，

南方寶生黃空行，

ནུབ་ཏུ་པདྨ་མཁའ་འགྲོ་དམར༔

努嘟貝瑪卡卓瑪爾，

西方蓮花紅空行，

བྱང་དུ་ལས་ཀྱི་མཁའ་འགྲོ་ལྗང༔

香嘟列吉卡卓江，

北方羯磨綠空行，

ཀུན་ཀྱང་གར་སྟབས་གྲི་ཐོད་བསྣམས༔

更江嘎達智妥納，

皆現舞姿執顱器，

འབུམ་ཕྲག་ཡངས་པའི་མཁའ་འགྲོས་བསྐོར༔

波叉央比卡卓果爾，

十萬廣大空行繞，

ཁམས་གསུམ་མ་ལུས་དབང་སྡུད་ཅིང༔

康松瑪列昂嘟江，

三界無餘攝自在，

སྲིད་གསུམ་ཟིལ་གྱིས་གནོན་པར་བསྐྱེད༔

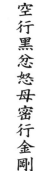

詩松色吉奴巴吉。

威鎮三界生降伏。

ཛ༔ ཡེ་ཤེས་སྒྱུ་འཕྲུལ་མཁའ་འགྲོའི་ཚོགས༔

乍　伊喜吉赤卡卓措，

智慧神變空行聚，

གདན་གསུམ་དཀྱིལ་འཁོར་ཆེན་པོར་གཤེགས༔

丹松吉科爾欽波歇，

三座壇城中降臨，

ཐབས་ཤེས་འདུ་འབྲལ་མེད་པར་བཞུགས༔

塔希嘟扎美巴爾依，

方便智慧無離住，

གཟུང་འཛིན་བྲལ་བའི་ཕྱག་འཚལ་ལོ༔

松增扎威夏擦洛！

遠離二執我頂禮！

ཛཿ ཧཱུྃ་ བཾ་ ཧོཿ ཏི་ཥྛ་ བཛྲ་ ན་ མོཿ

雜吽榜火　底擦貝雜爾納摩。

ཧོ་ གཟུང་དང་འཛིན་པའི་བསྡུས་པ་ཡི༔

火　松當增比帝巴伊，

能持二執所攝集，

ཆོས་ཀུན་མཆོད་པའི་སྤྲིན་དུ་ཤར༔

切更卻比貞嘟夏爾，

生起諸法供養雲，

ཆོས་ཉིད་མཁའ་འགྲོའི་དཀྱིལ་འཁོར་དུ༔

切尼卡卓吉科爾嘟，

法性空行壇城中，

གཉིས་མེད་རོལ་བར་འབུལ་གྱིས་བཞེས༔

尼美若哇爾波吉伊。

無二遊戲受供養。

མ་ ཧཱ་ པཉྩ་ པཱུ་ ཛ་ ཧོ༔

瑪哈奔雜波作火。

ཧོ༔ གདོད་ནས་གཞི་དབྱིངས་ཆོས་སྐུ་ཡུམ༔

火　哆內伊央切格優，

原始基界法身母，

ལྷུན་གྲུབ་རོལ་པ་ཡུམ་ཆེན་ལྔ༔

林智若哇優欽厄，

任成幻化五佛母，

ཐུགས་རྗེ་རང་རྩལ་མཁའ་འགྲོའི་དལ༔

陀吉讓作卡卓達，

慈悲自生空行壇，

ཡོངས་གྲུབ་ཆེན་པོར་ཕྱག་འཚལ་བསྟོད༔

雲智欽布夏擦哆！

圓滿成就而禮贊！

བདག་ཉིད་མཁའ་འགྲོའི་ཐུགས་ཀ་རུ༔

達尼卡卓陀嘎惹，

自顯空行心口內，

རྡོ་རྗེ་ཕག་མོ་གྲི་ཐོད་ཅན༔

多吉亥母智妥堅，

金剛亥母持刀者，

ཐུགས་སྲོག་ཧཱུྃ་ལ་སྔགས་ཀྱི་བསྐོར༔

陀碩吽拉俄吉果爾，

心命吽字咒圍繞，

ཨོཾ་བཛྲ་ཀྲོ་ཏི་ཀ་ལི་བཾ་ཧ་རི་ཎི་ས་ཧཱུྃ་ཕཊ༔

唵貝雜爾卓帝嘎勒榜哈惹呢薩吽拍。

ཧཱུྃ༔ སྐུ་གསུམ་ལྷུན་གྲུབ་མཁའ་འགྲོ་མའོ

火　格松林智卡卓瑪，

三身任成空行母，

གསང་གསུམ་རྡོ་རྗེའི་དངོས་གྲུབ་སྩོལ༔

桑松多吉俄智佐，

三密金剛賜悉地，

བསོད་ནམས་ཚོགས་གཉིས་ཆོས་སྐུ་བསྔོ༔

索南措尼切格俄，

迴向二資糧法身，

དོན་གྲུབ་སྐུ་གཉིས་ཐོབ་པར་ཤོག༔

頓智格尼妥巴肖！

義成二身願證得！

ཧཱུྃ༔ སྣང་སྲིད་གཞིར་བཞེངས་ཆེན་པོར་བསྡུ༔

火　囊詩伊英欽波嘟，

萬有依基圓滿集，

མ་བཅོས་གདོད་མའི་ས་རུ་སད༔

瑪姬朵米薩惹薩，

自然本地獲覺醒，

ཕཊ༔ སྣང་ཡང་ཆོས་སྐུའི་རང་རྩལ་གྱིས༔

拍　拉央切勾讓作吉，

複次法身自力生，

རང་བྱུང་འགྲོ་འདུལ་སྤྲུལ་སྐུར་ཤར༔ ཕཊ༔ཕཊ༔

讓雄卓嘟智格夏爾。拍 拍。

自生調眾化身升。

ཧཱུྃ༔ དག་མཉམ་གཞི་ཡི་བཀྲ་ཤིས་ཤོག༔

吽　達娘依以扎西肖！

清淨平等地吉祥！

མ་བསྒོམ་ལམ་གྱི་བཀྲ་ཤིས་ཤོག༔

瑪貢拉吉扎西肖！

無修聖道願吉祥！

ཡི་རྫོགས་འབྲས་བུའི་བཀྲ་ཤིས་ཤོག༔

伊佐遮烏扎西肖！

果位圓滿願吉祥！

འཇའ་ལུས་ཟང་ཐལ་བཀྲ་ཤིས་ཤོག༔

嘉列桑塔扎西肖！

清澈虹身願吉祥！

༄༅། །རྡོ་རྗེ་གཞོན་ནུའི་མངོན་རྟོགས་བྱིན་
རླབས་རོལ་མཚོ་ཞེས་བྱ་བ་བཞུགས་སོ། །

金剛童子現證加持幻海修法儀軌

劉兆麒　譯

སྔོན་འགྲོ༔

前行

ན་མོ་ཀརྨ་མ་ཧཱ་ཤྲཱི་ཧེ་རུ་ཀ།

南無 噶爾瑪摩訶室利黑如嘎！

頂禮威德羯磨飲血金剛！

ཡན་ལག་བདུན།

七支供

རྡོ་རྗེ་སློབ་དཔོན་སངས་རྒྱས་དཔལ།

多吉洛本桑傑巴，

佛陀金剛阿闍黎，

དུས་གསུམ་བཞུགས་ལ་ཕྱག་འཚལ་ལོ།

帝松秀拉夏擦洛！

三世永住我頂禮！

མཆོག་གསུམ་བརྟེན་པའི་ཞིང་ཁྱུར་ལ།

卻松登比香吉爾拉，

三寶所依資糧田，

གཉིས་མེད་ཡིད་ཀྱིས་སྐྱབས་སུ་མཆི།

尼美伊吉嘉蘇卻！

虔誠不二我皈依！

དངོས་འབྱོར་ཡིད་ཀྱི་རྣམ་སྤྲུལ་པས།

厄覺伊吉南智比，

資財富足意幻化，

དག་པའི་མཆོད་པ་བཞེས་སུ་གསོལ།

達比卻巴伊受索！

清淨供養請享用！

དངོས་གྲུབ་ཆུ་བོ་གཅོད་པའི་གེགས།

厄智曲波覺比格，

悉地河流之障礙，

ཉེས་བྱས་མ་ལུས་བཤགས་པར་བགྱི།

尼希瑪列夏巴吉，

罪業無餘我懺悔，

ཕྱོགས་བཅུ་འཁོར་གསུམ་དག་པའི་ཆོས།

肖吉科松達比切，

十方三輪清淨法，

མ་ཆགས་སྤྱོད་ལ་རྗེས་ཡི་རང་།

瑪恰覺拉吉伊讓，

無欲行持皆隨喜，

དག་པའི་མཐའ་བཞི་དྲི་མ་མེད།

達比塔伊智瑪美，

清淨而無四邊垢，

རྫོགས་པའི་བྱང་ཆུབ་སེམས་བསྐྱེད་དོ།

佐比香琪塞吉多。

發聖圓滿菩提心。

བདེ་བཤེགས་དབང་ཕྱུག་སེམས་ཅན་ལ།

帝歇昂秀塞堅拉，

善逝自在與有情，

དགོས་བ་གསུམ་ཕྱིར་ལུས་འབུལ་ལོ།

格巴松希爾列波洛，

三清淨身我供養，

ཚེ་རབས་བགྲངས་བའི་ལས་རྣམས་ཀུན།

次繞章威列南更，

無始所積諸善根，

བསྡུས་ཏེ་བྱང་ཆུབ་ཆེན་པོར་བསྔོ།

嘟帝香琪欽波俄。

總攝迴向大菩提。

（接誦百字明咒一遍。）

དངོས་གཞི།

正行

རྟེན་བསྐྱེད།

觀想所依境

སྲོག་ལས་ནམ་མཁའ་གྲུ་གསུམ་དང་།

碩列南卡智松當，

吽生虛空三角宮，

རླུང་ཁྲག་ཤ་ཆེན་ཀེང་རུས་མེ།

龍查哈欽更日梅，

氣血人肉骨堆火，

འཇིགས་པའི་དུར་ཁྲོད་གཞལ་ཡས་ཁང་།

吉比嘟楚雅伊康，

怖畏屍林越量宮，

སྒྲ་ཡི་རྐྱེན་གྱིས་རབ་ཏུ་རྫོགས།

扎伊金吉饒都佐。

音聲緣起最圓滿。

ཨེ་ཡཾ་རཾ་སུཾ་ཀ་རཾ་ཛྙིཾ། ཛྙིཾ་བི་ཤྭ་བི་ཤུད

哎 央讓松格讓智，智伯夏伯秀

ཏིཥྛ་ན་ཙ་ཀྲ་མཎྜལ་ཛྙིཾ། ཨོཾ་བཛྲ་ས་ཏྭ་ཧཱུཾ།

帝嘉納作扎曼扎拉智， 唵貝雜爾薩埵吽。

རྡོ་རྗེ་ཧཱུཾ་ཡིག་ཡོངས་གྱུར་ལས།

多吉吽伊雲吉列，

金剛吽字一切生，

རྡོ་རྗེ་སེམས་དཔའ་ཡབ་ཡུམ་བསྒོམ།

多吉賽華雅優果，

修金剛薩埵父母，

ཐུགས་སྲོག་འོད་ཀྱི་འཕྲོ་འདུ་ལས།

陀碩敖吉處嘟列，

心命光明聚散生，

དོན་གཉིས་བྱས་ཞིང་འོད་དུ་ཞུ།

頓尼希香敖嘟秀，

行持二利光融入，

ཧཱུྃ་ཡིག་མཐིང་ནག་ཡོངས་གྱུར་ལས།

吽伊彤納雲吉列，

藍黑吽字變化成，

དཔལ་ཆེན་རྡོ་རྗེ་གཞོན་ནུ་ནི།

華欽多吉雲努尼，

具德金剛童子身，

སྒེག་པ་དཔའ་བོ་གར་དགུ་བ།

格巴華波嘎勾哇，

端嚴威武多舞姿，

རྫུ་འཕྲུལ་ཞབས་བཞི་དོར་སྟབས་བཀྲད།

滋赤夏伊多爾達扎，

四足神變站姿勢，

རྣམ་པར་ཐར་བའི་དབུ་གསུམ་གྱིས།

南巴爾塔威烏松吉，

遍解脫故有三首，

སྒྲག་མཛོད་བཞད་གཉེ་ཁྲོ་བོའི་ཞལ།

扎作雅希楚波夏，

恐怖笑罟面忿怒，

གཡས་པ་ལྗང་ནག་གཡོན་དམར་ནག།

伊巴江納雲瑪那，

右邊深綠左黑紅，

སྤྱན་གསུམ་སྨིན་མ་སྨྲ་ར་སེར།

堅松萌瑪麻日阿賽爾，

黃色三目眉、鬍鬚，

ཁྲོ་གཉེར་ཆུ་ཡི་རླབས་བཞིན་འཁྲུག།

楚尼爾曲伊拉音赤，

怒紋紛亂如波浪，

ཕ་རོལ་ཕྱིན་དྲུག་མཚོན་པ་ཡི།

帕若興智瑰巴伊，

六波羅蜜之標誌，

ཕྱག་དྲུག་གཡས་ཀྱི་དང་པོ་ན།

夏智伊吉當布納，

六臂右面第一臂，

金剛童子現證加持幻海修法儀軌

གསེར་གྱི་རྡོ་རྗེ་རྩེ་དགུ་དང་།

賽吉多傑裁格當，

金色金剛九鈷杵，

གཡོན་གྱི་དང་པོ་མེ་དཔུང་བསྣམས།

雲吉當布美宏納，

左第一臂持火炬，

གཡས་པར་རྡོ་རྗེ་རྩེ་ལྔ་དང་།

伊哇爾多吉裁俄當，

右手臂持五鈷杵，

དགྲ་སྟ་རྡོ་རྗེ་ཐོ་བའོ།

扎達多吉妥巴敖。

以及戰斧金剛錘。

ཁཾ་ཏཾ་ཐོད་དབྱུག་ལྕགས་ཀྱུ་གཡོན།

卡杖妥琪嘉吉雲，

左手鐵鉤顱、天杖，

གཡས་ཀྱི་ཐ་མ་ཕུར་བ་དང་།

伊吉塔瑪普爾哇當，

右最後臂持橛杵，

གཡོན་ན་ཕྲ་མེན་ཚོད་གཏོང་ནེ།

雲納叉萌波冬尼，

右邊非人放毒咒，

ཁྱུད་དང་བྱ་རྒོད་འུག་པ་དང་།

齊當夏果額巴當，

周圍盤旋鷲梟群，

ཁྲ་དང་བྱ་རོག་ཕོ་ཉར་འཕྱེད།

查當夏若普娘爾吉，

鷹鷂、烏鴉遣僕役，

རྡོ་རྗེ་གཤོག་པས་སྲིད་གསུམ་གནོན།

多吉肖比詩松弄，

以金剛翅鎮三界，

མཐིང་ནག་སྐུ་ལ་དུར་ཁྲོད་ཆས།

彤納格拉得楚切，

身著藍黑屍林裝，

རིགས་ལྔ་ཐོད་པ་ལྔ་ཡིས་རྒྱན།

仁俄妥巴俄伊堅，

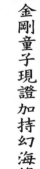

五部以五顱裝飾，

ཀླུ་ཆེན་བརྒྱད་དང་ཐོད་པས་བརྒྱན།

勒欽嘉當妥比堅，

八大龍與骷髏飾，

འཁོར་ལོ་རྒྱས་འདེབས་བདེ་བའི་ཡུམ།

科洛吉帝帝威優，

法輪遍轉大樂母，

སྦྲུལ་དང་ཐོད་པ་གཟིགས་ཀྱི་བརྒྱན།

智當妥巴詩吉堅，

蛇與骷髏為裝飾，

དྲིལ་བུ་ཐོད་ཁྲག་ཕྱག་ན་བསྣམས།

智烏妥叉夏納那，

法鈴顱血手中持，

ཨེ་ཀ་ཛ་ཏི་སྒྲོལ་བའི་ཡུམ།

厄嘎乍帝卓威優，

厄嘎乍帝救度母，

གྲི་གུག་ཐོད་ཁྲག་ཁམས་གསུམ་སྒྲོལ།

智格妥叉康松卓，

彎刀顱血度三界，

གཡེར་ཁ་དྲིལ་བུ་ཉིད་ལས་ཀྱང་།

伊爾卡智烏尼列江，

鑾鈴手鈴自發音，

རྟོག་མེད་ཆོས་ཀྱི་སྒྲ་འབྱིན་ལ།

朵美切吉紮扎淨拉，

發出無分別法音，

མ་མོ་དྲུག་བཅུ་ཕོ་ཉར་འགྱེད།

瑪母智吉普娘傑，

六十本母使者遣，

ཨོཾ་བཛྲ་ཀཱི་ལི་ཀཱི་ལ་ཡ་ཕཊ། ཛོ་མ་

唵貝雜爾格勒格拉雅拍， 作瑪

ཧྲ་ཕོ་ཧྲི་ཙིཏྟ་མཎྜལ་ཧཱུྃ་ཕཊ།

哈波帝資達曼扎拉吽拍。

ཡབ་ཡུམ་འདོད་ཆགས་ང་རོ་བརྗོད།

雅優朵恰厄若覺，

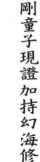

父母愛欲吼聲嗚，

བྱིན་གཉིས་དམ་དུ་རབ་འཁྱུད་དེ།

興尼達嘟饒切帝，

雙脛緊緊而纏繞，

ལག་པ་དམ་འཁྱུད་མ་མཆུ་ཞིབས།

拉巴達切瑪曲希，

雙手緊抱唇亲吻，

རྡོ་རྗེ་དམ་ཚིག་གླུ་ཡི་བསྐུལ།

多吉達次勒伊格，

金剛誓言歌激勵，

སངས་རྒྱས་ཀུན་གྱི་ཡེ་ཤེས་སྐུ།

桑傑根吉伊喜格，

一切諸佛智慧身，

ངང་ཉིད་རྡོ་རྗེ་ཆོས་དབྱིངས་ལས།

昂尼多吉切央列，

本性金剛法界生，

འབར་བའི་ཁྲོ་བོ་མི་བཟད་པའི།

巴威楚波莫薩比，

不禁熾燃現忿怒，

སྐུ་ཡི་དབྱིངས་སུ་སྲས་བསྐྱེད་ཅིག།

格伊央塞舍吉幾。

唯願身中生聖子。

ཨོཾ་བཛྲ་བུ་དྷ་རཏྣ་པདྨ་ཀརྨ་ཀཱི་ལི་ཀཱི་ལ་

唵 貝雜爾布達日阿那貝瑪噶爾嘛格勒格拉

ཡ་ཧཱུྃ་ཕཊ།

雅吽拍。

རྡོ་རྗེ་རིན་ཆེན་པདྨ་ལས།

多吉仁欽貝瑪列,

金剛珍寶蓮羯磨,

དེ་བཞིན་རིགས་ཀྱི་སྲས་མཆོག་ལྔ།

帝音仁吉舍卻厄,

如是五部殊勝子,

སྟོད་ནི་གཙོ་བོ་ཡབ་འདྲ་ལ།

多尼佐烏雅扎拉,

上部如父主尊形,

སྨད་ནི་ཆུ་སྲིན་ཕུར་བུ་དབལ།

瑪尼曲珊普烏巴，

下方巨鼇普巴橛，

དགྲ་སྟ་གཡས་ལ་རང་རྟགས་གཡོན།

扎達伊拉讓達雲，

右邊戰斧左杵橛，

བར་བ་ཁ་ཊཾ་གདུན་ཤིང་དང་།

哇爾哇卡章頓香當，

中間天杖和木杵，

ཐ་མ་རི་རབ་ཕུར་བུ་འཛིན།

塔瑪惹繞普爾烏智，

最後須彌握橛杵，

ཨོཾ་ ཨཱཿ ཧཱུྃ་ཀ་ཡ་ཝཱཀྐ་ཙིཏྟ་བཛྲ་ནན།

唵阿吽嘎雅瓦嘎資達貝雜爾南。

གདུག་པའི་ཕྱོགས་སྐྱོངས་ཚར་གཅོད་ཕྱིར།

得比肖迥擦爾覺希爾，

守護十方調敵故，

ཡབ་ཡུམ་བདེ་བའི་སྒོང་བཅུ།

雅優帝威果俄吉，

父母大樂生十卵，

ཕྲུང་སྐྱེ་ཕྱོགས་བཅུར་རབ་ཏུ་ཕྲོ།

窮帝肖吉繞嘟卓，

生出馳向十方處，

སྟེང་ཕྱོགས་ཉི་ཟླའི་གདན་སྟེང་དུ།

當肖尼達旦冬嘟，

上方日月座之上，

ཁྲོ་བོ་རྡོ་རྗེ་ཧཱུྃ་མཛད་དང་།

楚烏多吉吽作當，

忿怒金剛吽事業，

ཤར་ཕྱོགས་དྲི་ཟའི་གདན་སྟེང་དུ།

夏爾肖智賽旦當嘟，

東方尋香之座上，

ཁྲོ་བོ་རྡོ་རྗེ་རྣམ་པར་རྒྱལ།

楚烏多吉南巴嘉，

忿怒金剛之降服，

ཤར་ལྷོ་མེ་ལྷའི་གདན་སྟེང་དུ།

夏爾洛美拉旦當嘟，

東南火神座之上，

ཁྲོ་བོ་རྡོ་རྗེ་དབྱུག་སྔོན་ཅན།

楚烏多吉秀俄堅，

忿怒金剛持藍杖，

ལྷོ་ཕྱོགས་གཤིན་རྗེ་གདན་སྟེང་དུ།

洛肖興吉旦當嘟，

南方閻羅座之上，

ཁྲོ་བོ་རྡོ་རྗེ་གཤིན་རྗེ་གཤེད།

楚烏多吉興傑歇，

忿怒金剛閻羅敵，

ལྷོ་ནུབ་སྲིན་པོའི་གདན་སྟེང་དུ།

洛努珊布旦當嘟，

西南羅刹座之上，

ཁྲོ་བོ་ཆེན་པོ་མི་གཡོ་མགོན།

楚烏欽布莫優貢，

大忿怒不動怙主，

ནུབ་ཕྱོགས་ཀླུ་དབང་གདན་སྟེང་དུ།

努肖勒旺旦當嘟，

西方龍王座之上，

ཁྲོ་བོ་ཆེན་པོ་རྟ་མགྲིན་རྒྱལ།

楚烏欽布達智嘉，

大忿怒怙馬頭王，

ནུབ་བྱང་རླུང་ལྷའི་གདན་སྟེང་དུ།

努香龍拉旦當嘟，

西北風神座之上，

ཁྲོ་བོ་ཆེན་པོ་གཞན་མི་ཐུབ།

楚烏欽波延莫陀，

大忿怒王無能敵，

བྱང་ཕྱོགས་གནོད་སྦྱིན་གདན་སྟེང་དུ།

香肖努興旦當嘟，

北方夜叉座之上，

ཁྲོ་བོ་རྡོ་རྗེ་བདུད་རྩི་འཁྱིལ།

楚烏多吉嘟姿琪，

忿怒金剛甘露漩，

བྱང་ཤར་འབྱུང་པོའི་གདན་སྟེང་དུ།

香夏爾迥波旦當嘟，

東北部多座之上，

ཁྲོ་བོ་རྡོ་རྗེ་ཁམས་གསུམ་རྒྱལ།

楚烏多吉康松嘉，

忿怒金剛三界王，

འོག་ཕྱོགས་ས་བདག་གདན་སྟེང་དུ།

敖肖薩達旦當嘟，

下方地祇座之上，

ཁྲོ་བོ་ཆེན་པོ་སྟོབས་པོ་ཆེ།

楚烏欽布多布切，

大忿怒王大力者，

ཡུམ་དང་སྤྲུལ་བའི་ཕྲ་མེན་བཅས།

優當智衛查門吉，

母與幻化非人等，

དུས་མཐའི་མེ་དཔུང་འབར་བཞིན་འཁྲུགས།

德塔美宏巴爾音赤，

如末劫火紛熾燃，

ཉི་ཟླ་ཡི་གེ་བཞི་ཉིད་ལས།

尼達伊格伊尼列，

從彼日月四字種，

དྲོད་གཤེར་ལས་སྐྱེས་སྒོ་མ་བཞི།

卓歇爾列吉果瑪伊，

從濕潤生四門母，

ཤར་ཕྱོགས་དྲི་ཟའི་གདན་སྟེང་དུ།

夏爾肖智賽旦當嘟，

東方尋香之座上，

སྐྱ་ཀའི་མགོ་ཅན་ལྕགས་ཀྱུ་མ།

嘉格果堅加吉瑪，

喜鵲頭者鐵鉤母，

ལྷོ་ཕྱོགས་གྲུལ་བུམ་གདན་སྟེང་དུ།

洛肖智本旦當嘟，

南方鳩盤荼座上，

པུ་ཤུལ་མགོ་ཅན་ཞགས་པ་མ།

波秀果堅夏巴瑪，

戴勝鳥頭持索母，

ནུབ་ཕྱོགས་ཆུ་བདག་གདན་སྟེང་དུ།

努肖曲達旦當嘟，

西方水神座之上，

སྲིན་བྱའི་མགོ་ཅན་ལྕགས་སྒྲོགས་མ།

珊協果堅加卓瑪，

貓頭鷹者鐵翅母，

བྱང་ཕྱོགས་གནོད་སྦྱིན་གདན་སྟེང་དུ།

香肖努興旦當嘟，

北方夜叉之座上，

ཁྲ་ཡི་མགོ་ཅན་དྲིལ་བུ་མ།

楚伊果堅智烏瑪，

鷂子頭者執鈴母，

འདི་བཞི་ཞལ་གཅིག་ཕྱག་གཉིས་མ།

德伊夏吉佚尼瑪，

這四一頭二臂母，

ཨེ་ཡཾ་མ་ཡས་ཤཱ་ན་བཞི།

埃央瑪伊夏納伊，

埃央瑪伊四夏納，

ཛོ་ཡིག་བཞི་ལས་ས་བདག་བཞི།

乍依伊列薩達伊，

四“乍”字生四地祇，

ཛྷོ་ཡིག་བཞི་ལས་བདག་ཉིད་བཞི།

交依伊列達尼伊，

四“交”字生四自性，

མཐུ་དང་རྫུ་འཕྲུལ་གློག་ལས་མྱུར།

駄當次赤洛列紐爾，

威力神變如電掣，

བསྟན་པ་སྲུང་ཕྱིར་ཉམས་པ་བདུན།

旦巴松希爾娘巴冬，

為護教故七違犯，

ཞེ་ལ་གནག་པའི་སྟོབས་ཀྱིས་སྒྲོལ།

希拉納比多吉卓，

心險惡者力解脫，

མདོར་ན་འཁོར་བ་མྱང་འདས་ཀུན།

多納科爾哇娘帝更，

總之輪涅一切處，

དཔལ་ཆེན་དཀྱིལ་འཁོར་གཅིག་ཏུ་རྫོགས།

華欽吉科吉嘟佐，

圓滿盡顯威德壇，

བླ་མེད་མཆོག་གི་མཆོད་པ་དམ་པ་འདི།

喇美卻格卻巴旦巴德，

無上殊勝妙供品，

ཡེ་ཤེས་ལྔ་ཡི་འོད་ཟེར་རྣམ་པར་འཕྲོ།

伊喜俄伊敖賽南巴楚，

五智光明遍照耀，

འདོད་པའི་ཡོན་ཏན་ལྔ་ཡི་རབ་བརྒྱན་ཏེ།…

多比雲旦俄伊繞堅帝，

五妙欲功德莊嚴，

དམ་ཚིག་བཞིན་དུ་ཅི་བདེར་བཞེས་སུ་གསོལ།

達次音嘟吉帝伊蘇索。

如誓一切請受用。

希爾貝雜格瑪日阿，薩巴惹哇日阿，阿巴江布貝嘟貝阿洛格甘帝，尼貝帝，夏達薩爾哇貝雜日阿達巴朗，瑪哈蘇卡波乍火。

བསྟོད་བཞི༔ སྣང་སྲིད་ཐམས་ཅད་ཕུར་པའི་རང་བཞིན་ལ།

哆伊：囊詩塔堅普威讓音拉，

四讚頌：遍情世普巴自性，

ཁམས་གསུམ་འཁོར་བ་མིང་ཡང་མི་གྲག་ཤིང་།

康松科哇蒙央莫扎香，

三界輪迴名不聞，

རྒྱལ་བའི་རྫུ་འཕྲུལ་ཆེན་པོ་བསྟན་པའི་ཕྱིར།

嘉威次赤欽布旦比希，

廣大神變為教故，

རྡོ་རྗེ་མངོན་སྤྱོད་ཕྲིན་ལས་མཛད་པ་བསྟོད།

多吉俄覺赤列作巴多。

金剛行持事業贊。

རྟེན་བསྐྱེད༔

登吉：

觀所依གཙོ་བོའི་ཐུགས་གར་ཡེ་ཤེས་སེམས་དཔའ་ཞི་བ་

主尊心中，智慧薩埵寂靜相，

ལོངས་སྐྱོད་རྫོགས་སྐུ་ཡུམ་དང་བཅས་པའི་ཐུགས་ཀར་

圓满報身擁抱佛母，心中

དེ་བཞིན་གཤེགས་པ་ཐམས་ཅད་ཀྱི་ཐུགས་ངོ་བོ་རྡོ་རྗེ་མཐིང་

一切如來心意本性之五鈷藍黑金剛杵

ནག་རྩེ་ལྔ་པ་དང་དེའི་ལྟེ་བར་ཉི་མའི་དཀྱིལ་འཁོར་གྱི་སྟེང་

心中日月坛上，ཉིད་འཛིན་སེམས་དཔའ་ཧཱུྃ་མཐིང་ནག་ལ་ཨོཾ་བཛྲ་ཀཱི་ལི་ཀཱི་ལ་ཡ་ཕཊ།

禪頂薩埵黑色吽字，由唵貝雜爾格勒格拉雅吽拍，密咒環繞。

ཅི་ནུས་བཟླས་ལ། 盡力持誦.

ཁམས་གསུམ་སྲིད་གསུམ་ཝཤིང་ཀུ་རུ་ཡེ་སྭཱ་ཧཱ།

若超三界輪迴

གནོད་བྱེད་དགྲ་བགེགས་མ་

則頌瓦香格惹耶娑哈。努脅扎噶扎

ར་ཡ་ཕཊ། ནད་གདོན་འཇིགས་བརྒྱད་ཤནྟིཾ་ཀུ་རུ་ཡེ་

惹雅拍。若驅病魔八難則誦：亨達格惹耶

སྭཱ་ཧཱ། ཚེ་བསོད་དཔལ་འབྱོར་པུཥྚིཾ་ཀུ་རུ་ཡེ་སྭཱ་ཧཱ།

娑哈。若祈福壽則誦：貝扎格惹耶娑哈。

དབྱངས་གསལ། རྟེན་འབྲེལ་སྙིང་པོ།ཡིག་བརྒྱ།

接誦阿樂噶緣起心咒及百字明，

གཅིག་བཅུ་བརྒྱ་སྟོང་ཁྲི་འབུམ་ས་ཡ་བྱེ་བ་དུང་ཕྱུར
་ནས་ཡར་འཕེལ་དུ་

使所誦心咒從一至十至百至千至萬至十萬至百萬至千萬

至億增至無數。

འགྲུབ་པར་གྱུར་ཅིག༎

ཨཱ   བཅོམ་ལྡན་འདས་དཔལ་ཆེན་རྡོ་རྗེ་གཞོན་ནུ
འི་དཀྱིལ་

啊！ 出有壞世尊具德金剛童子壇城。

འཁོར་གྱི་ལྷ་ཚོགས་ཁྱེད་རྣམས་ལ་མཁྱེན་པའི་ཡེ་ཤེས་

是諸聖眾具遍智普行

བརྩེ་བའི་ཐུགས་མཛད་"པའི་འཕྲིན་ལས། སྐྱོབས་པ
འི་ནུས་མཐུ།

悲憫事業俱足，護持威力

བསམ་གྱི་མི་ཁྱབ་པ་མངའ་བ་ལགས་པས་བདག་

不可思議，淨除我等

སོགས་སེམས་ཅན་ཀྱི་སྒྲིབ་གཉིས་བག་ཆགས་དང་བཅས་

一切有情所有二障習氣，

པ་ཐབས་ཅད་བྱང་ཞིང་དག་ནས་མཆོག་གི་དངོས་གྲུབ་

真實證得殊勝悉地，

དཔལ་ཆེན་རྡོ་རྗེ་གཞོན་ནུའི་གོ་འཕང་མངོན་སུམ་དུ་

現證金剛童子殊勝成就，

ཐོབ་པ་དང་། མཆོག་ཐུན་མོང་གཉིས་ཀྱི་དངོས་གྲུབ་

降臨殊勝共與不共二悉地無餘。

མ་ལུས་བསྩལ་དུ་གསོལ། ཨོཾ་བཛྲ་ས་ཏྭ་ཧཱུྃ།

唵貝雜爾薩埵吽！

རཾ་ཡཾ་ཁཾ། ཨོཾ་ཨཱཿཧཱུྃ།

讓央康唵阿吽

རྩ་གསུམ་དམ་ཅན་རྒྱ་མཚོ་དང་།

乍松旦堅嘉措當，

三根本具誓海勝，

དཔལ་ཆེན་བཛྲ་ཀུ་མ་ར།

華欽貝雜爾格瑪惹

具德金剛格瑪惹，

རང་ལས་སྤྲུལ་པའི་འཁོར་ཚོགས་བཅས།

讓列智威括措吉，

自幼化壇城聖眾，

འདིར་བཞེགས་ཚོགས་ལ་སྤྱན་འདྲེན་ནོ།

帝歇措拉堅真努，

迎請到此來會供，

ལྷ་མིའི་འདོད་ཡོན་ཕུན་ཚོགས་དཔལ།

拉密多雲彭措華。

天人妙欲功德圓。

དངོས་སུ་བཤམས་ཤིང་ཡིད་ཀྱིས་སྤྲུ

俄蘇夏香伊吉智，

實設意陳所幻化，

ནམ་མཁའི་ཁམས་ཀུན་ཡོངས་བཀང་ནས།

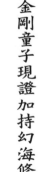

南開康更雲岡內，

遍滿一切虛空界，

མཆོད་པར་འབུལ་གྱིས་བཞེས་སུ་གསོལ།

卻巴波吉伊蘇索！

貢品呈獻請享用

རིང་ནས་བསགས་པའི་སྡིག་ལྟུང་དང་།

仁內薩比德東當，

長久所積諸罪墮，

ཁྱད་པར་སོ་ཐར་བྱང་ཆུབ་སེམས།
སྔགས་ཀྱི་དམ་ཚིག་ཉམས་པ་གང་།

俄吉旦次娘巴岡，

違犯密乘三昧耶，

སྙིང་ནས་བཤགས་སོ་ཚང་བར་མཛོད།

寧內夏索倉哇佐。

心中懺悔得圓滿。

བདག་རྟོག་རུ་ཏ་ལས་གྱུར་བའི།

達朵若扎列吉威，

我尋思中“扎”事業，

གཉིས་འཛིན་དགྲ་ཡི་དཔུང་ཚོགས་བཅས།

尼增扎伊宏措吉，

我執法取敵軍眾，

བདག་མེད་ཤེས་རབ་མཚོན་གྱིས་བསྒྲལ།

達美喜饒瑰吉扎，

以無我慧劍消除，

གཉིས་མེད་ཀློང་དུ་བྱང་ཆུབ་སོ།

尼美龍都香琪索，

無二法界證菩提，

མུ་རན་ལ་གནས་དབང་ཕྱུག་ཚོགས།

莫染拉內旺秀措，

周邊住之自在眾，

ལྷག་མའི་ཞལ་ཟས་འདི་ལོངས་ལ།

拉米夏賽德隆拉，

剩餘供品這享用，

གང་ན་བྱང་ཆུབ་བསྒྲུབ་པ་པོ།

岡納香琪智巴波，

直至修證得菩提，

འགལ་རྐྱེན་སེལ་ལ་མཐུན་རྐྱེན་སྒྲུབ།

嘎金塞拉彤金智。

消除逆緣成順緣。

ཨོཾ་གུ་རུ་དེ་ཝ་ཌཱ་ཀི་ནི་ག་ཎ་ཙཀྲ་སྤུ་ཛཿ་ཧོ་ཨུཙྪིཥྚ་བ་

唵格惹帝哇扎格尼嘎納資扎奔乍火額則扎巴

སྙིང་ཁྲ་ཧྲི།

ན་མོ། བདེ་བཤེགས་སྙིང་པོའི་འགྲོ་བ་ཡོངས་ལ་ཁྱབ།

南無　待歇寧波卓哇雲拉恰，

頂禮 眾生皆具如來藏，

སེམས་ནི་རྒྱ་ཆེན་མཆོག་ཏུ་རབ་བསྐྱེད་ཅིང་།

賽尼嘉欽卻嘟繞吉江，

要發廣大殊勝菩提心，

འགྲོ་བ་འདི་དག་མ་ལུས་སངས་རྒྱས་རྒྱུ།

卓哇德達瑪列桑傑吉，

世間眾生無餘具佛因，

འདི་ན་སྣོད་མིན་སེམས་ཅན་གང་ཡང་མེད།

德納努萌桑堅岡央美，

非是根器眾生無一人，

བཞེངས་ཤིག་བཞེངས་ཤིག་སྟོབས་བཅུ་མངའ་བལྷ།

現兮現兮具有十力神

དུས་ལས་མི་འདའ་ཐུགས་རྗེ་དབང་གིས་ན།

德列莫達陀吉旺格那，

不誤時辰悲憫以為懷，

སེམས་ཅན་དོན་ལ་དགོངས་པའི་དཀོན་མཆོག་གསུམ

桑堅冬拉貢比貢卻松，

顧念有請利樂三寶尊，

ཡིད་ཀྱིས་སྤྲུལ་ཞིང་བཤམས་པའི་གནས་འདི་རུ།

伊吉智香夏比內德如，

意之幻化陳列於此處，

རྒྱལ་བ་འཁོར་བཅས་མ་ལུས་བཤེགས་སུ་གསོལ།

嘉哇科爾吉瑪列歇蘇索

諸佛眷屬無餘祈降臨!

བཛྲ་ས་མ་ཡ་ཛ། པདྨ་ཀ་མ་ལཱ་ཡ་སྟྭཾ།

貝雜爾薩瑪雅作，貝瑪嘎瑪拉耶達。

ཨོཾ ཀུན་བརྟགས་སྣང་བ་སྣོད་ཀྱི་གཏོར་གཞོང་དུ།

唵　更達囊哇努吉朵雲嘟，

遍計顯現世間食子盤，

གཞན་དབང་སྲིད་པ་བཅུད་ཀྱི་གཏོར་མར་སྦྱངས།

燕旺詩巴傑吉朵瑪江，

依他世間有情淨朵瑪，

ཡོངས་གྲུབ་ཆོས་དབྱིངས་ཀློང་ཆེན་དགོངས་པ་ཡིས།

雲智切央隆欽貢巴伊，

圓成法界廣大之密意，

སྣང་སྲིད་གཞིར་བཞེངས་ཀུན་བཟང་མཆོད་པའི་སྤྲིན།

囊詩伊音格桑卻比貞，

萬有基現普賢供養雲，

འཕོ་མེད་ནམ་མཁའི་མཛོད་དུ་མངའ་དབང་བསྒྱུར།

頗美南卡佐嘟厄旺吉爾。

獲不變虛空藏之威權。

ན་མཿ སརྦ་ཏ་ཐཱ་ག་ཏ་བྷྱོ་བི་ཤྭ་མུ་ཁེ་བྷྱ།

納摩薩爾哇達塔嘎達交貝肖莫開切貝，

སརྦ་ཏ་ཨུད་ག་ཏེ་སྥ་ར་ཎ་ཧི་མ་ཁ་ག་ན་ཁཾ་སྭཱ་ཧཱ།

薩爾哇達鄔嘎帝帕日納嘿瑪卡嘎納康娑哈。

ཇྙོ་ དཔལ་ཆེན་རྡོ་རྗེ་གཞོན་ནུ་ཡི།

覺　華欽多吉雲努伊，

大威德金剛童子，

བཀའ་སྡོད་མ་མོ་བཅུ་གཉིས་དང་།

噶多瑪母吉尼當，

及護法十二本母，

མིང་པོ་ཀིང་བཅས་ད་ཚུར་བྱོན།

芒波更吉達次興。

骷髏兄弟這邊臨。

འདིརབཞེགསགདན་བཞུགས་མཐུན་པའི་རྫས།

德歇旦秀彤比姿，

臨此安住隨順物，

ཕྱི་ནང་གསང་གསུམ་མཆོད་ཚོགས་དང་།

希囊桑松卻措當，

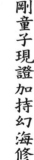

內外秘咒三會供，

དཀར་དམར་ཕུལ་སྐྱེམས་བྷ་ལིང་ཏ།

嘎瑪普傑巴朗達，

紅白飲料及朵瑪，

བརྟན་གཡོ་ལས་བྱུང་དགྱེས་དགུ་རྫས།

旦優列雄吉格姿，

情器一切歡喜物，

ཉམས་པའི་ཤ་ཁྲག་སྲོག་དབུགས་སོགས།

娘比夏查梳烏索，

損傷血肉命氣等，

མཆོད་བསྐང་སྒྲུབ་པའི་དམ་རྫས་ཀྱི།

卻岡智比旦裁吉，

成就滿願殊勝物，

ཤྭ་ན་མ་བཞི་ཐུགས་དམ་བསྐང་།

夏納瑪伊陀達岡。

四夏納母心滿足。

བདག་ཉིད་མ་བཞི་ཐུགས་དམ་བསྐང་།

達尼瑪伊陀達岡，

四自性母心滿足，

སྐྱེས་བུ་གིང་གསུམ་ཐུགས་དམ་བསྐང་།

吉烏更松陀達岡，

三骷髏鬼心滿足，

མ་བདུན་སྲིང་བཞི་ཐུགས་དམ་བསྐང་།

瑪登松伊陀達岡，

七母四姊妹滿足，

ཐུགས་དམ་བསྐང་ངོ་ཉམས་ཆགས་བཤགས།

陀達岡敖娘恰夏，

心滿意足懺過犯，

ལམ་བཞིའི་རབ་འབྱམས་མ་ལུས་ཀུན།

拉木伊繞嘉瑪列更，

四事業廣盡無餘，

གང་བཅོལ་ཐོགས་མེད་མྱུར་འགྲུབ་མཛོད།

岡雜妥美紐智佐！

一切無礙速成就!

ཨོཾ་བཛྲ་ཀཱི་ལི་ཀཱི་ལ་ཡ་ཧཱུྃ་དྷརྨ་ཀ་ཡ་སམྦྷོ་ཀ་ཡ་

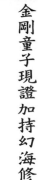

唵貝雜爾格勒格拉雅吽達爾瑪噶雅三波嘎雅

ནི་རྨ་ཀ་ཡ་ཙིཏྟ་སིདྡྷི་ཕ་ལ་ཧཱུྃ༔

尼爾瑪嘎雅資達斯地帕拉吽。

(接誦百字明)

ཧཱུྃ༔ སྣོད་བཅུད་ལྷ་དང་གཞལ་ཡས་སུ།

吽　努吉拉當雅伊蘇，

情器天尊越量宮，

ཤར་བ་དག་པའི་སྣོད་བཅུད་ཀྱང་།

夏哇達比努吉江，

清淨示現情器眾，

རྟེན་ཉིད་བརྟེན་པ་ལྷ་རྣམས་ཀྱང་

登尼登巴拉那江，

所依能依諸聖眾，

གཙོ་བོ་ལ་ཐིམ་དེ་ཡང་ཧཱུྃ།

佐烏拉特帝央吽，

融入主尊複入吽，

ཞབས་ཀྱུ་ནས་བཟུང་ན་ནྡའི་བར།

夏吉內增納達哇爾，

夏吉漸融納達中，

རིམ་ཡལ་གདོད་མའི་གཞིས་སུ་ཨཱ།

惹雅多米希蘇阿。

漸入最初本性阿。

སླར་ཡང་རིག་པ་བྱང་ཆུབ་སེམས།

拉央仁巴香琪賽，

複次智慧菩提心，

རྗེས་ཐོབ་གཉུག་མའི་ཧེ་རུ་ཀ།

吉妥尼米黑如噶，

後得本性黑如迦，

ཕྱག་རྒྱ་གཅིག་པའི་གནས་གསུམ་དུ།

夏嘉吉比內松都，

一手印之三處中，

ཡི་གེ་མཚན་པས་རྣམ་རྟོག་སྲུངས།

伊格參比南朵松，

憑依字種止妄念，

བཛྲ་རཀྵ་ཨ་ཧཱུྃ།

貝雜爾惹恰阿吽。

披金剛盔甲，盡力多誦百字明以堅固。

སེམས་བསྐྱེད་བསྔོ་བ།

發心迴向：

སྣང་གྲགས་རིག་པ་དཀྱིལ་འཁོར་གསུམ་གྱི་ངང་།

囊扎仁巴吉科松吉昂，

聲現明覺三壇城，

བསོད་ནམས་ཡེ་ཤེས་རིམ་གཉིས་རྣམ་འབྱོར་ཚོཏ།

索南伊喜惹尼南觉措，

福智生圓二次财，

མི་གནས་ཡེ་ཤེས་མྱ་ངན་འདས་པར་བསྔོ།

莫内伊喜紐尼帝瓦俄，

迴向無住智涅槃，

ཀུན་ཀྱང་དཔལ་ཆེན་གོ་འཕང་ཐོབ་པར་ཤོག།

更江華欽果榜妥巴肖！

願皆證得威德果!

（ལན་གསུམ）

（以上誦三遍）

གདོད་མའི་མགོན་པོ་རིགས་ལྔ་གངས་ཆེན་མཚོ།

哆米貢波仁俄岡欽措，

原始怙主五部聖眾海，

སྐུ་ལྔ་ལྷུན་རྫོགས་སྤྲུལ་པའི་ཞིང་ཁམས་དང་།

格俄林佐智威香康當，

五身任運幻化剎土中，

སྐལ་བཟང་སངས་རྒྱས་སྟོང་རྩ་འབྱོན་པ་ཡིས།

格桑桑傑冬乍興巴伊，

賢劫千尊如來親降臨，

སྒྲོན་མེའི་བསྐལ་བ་བཟང་པོའི་བཀྲ་ཤིས་ཤོག།

仲美嘎哇桑布扎西肖！

唯願燈明賢劫降吉祥！

སྟོང་གསུམ་མི་མཛེད་རྡོ་རྗེ་ཐེག་པའི་ཞིང་།

冬松莫裁多吉乘比香，

三千娑婆金剛乘剎土，

འཕུར་འགྲོའི་བསྟན་པ་འབྱུང་གནས་ཨུ་རྒྱན་ཡུལ།

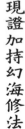

普卓旦巴迥內鄔金隅，

宏揚教法源頭鄔金境，

གངས་རིའི་ཁྲོད་དུ་འབོད་པ་ཁྲི་སྲོང་རྗེ།

岡惹楚嘟波巴赤松吉，

雪域地方稱為赤松王，

ཐུགས་བསྐྱེད་བསྟན་པ་མཐར་རྒྱས་བཀྲ་ཤིས་ཤོག།

陀吉旦巴塔吉扎西肖！

發心佛教普傳願吉祥！

འཛམ་གླིང་ས་ཡི་ལྟེ་བ་རྡོ་རྗེ་གདན།

乍 林薩伊帝哇多吉旦，

南贍部洲中心金剛座，

པན་གྲུབ་ཆོས་རྒྱལ་འཛོམས་པ་ཆོས་འཁོར་གསུམ།

班智切嘉佐巴卻科松，

具足大德法王三法輪，

མདོ་སྔགས་བསྟན་པ་དར་བ་གངས་ཅན་ལྗོངས།

朵俄旦巴達哇岡堅君，

顯密教法興隆雪域境，

རྒྱལ་བསྟན་ཡུན་དུ་གནས་པའི་བཀྲ་ཤིས་ཤོག།

嘉旦雲嘟內威扎西肖！

教法永久住世願吉祥！

དགེའོ་དགེའོ། བཀྲ་ཤིས། སརྦ་ས་མ་ཡཱ།

善哉！善哉！吉祥！薩爾哇薩瑪雅，

རྒྱ་རྒྱ་རྒྱ། མངྒལ།

密密密　瑪嘎拉！

༄༅༔ ༔ཐུགས་དམ་ཐུགས་ཀྱི་ག་གས་སོ༔

意金剛事業撅

瑜伽行者 劉兆麒

核校於二零零五年五月天水寧瑪精舍

རྡོ་རྗེ་ཁྲོས་པ་ཞེ་སྡང་གཅོད༔

多傑車巴希當覺，

忿怒金剛除瞋恚，

མཚོན་ཆ་སྔོན་པོ་འབར་བ་ཡིས༔

寸恰俄波巴瓦伊，

兵器青藍盛熾燃，

ནམ་མཁའི་དཀྱིལ་ནས་ཐིག་པ་ཤར༔

南卡吉內特巴夏，

從虛空界升明點。

སྲོག་གི་གོ་རུ་གསལ་བ་དང༔

數格果若薩哇當，

示現生命證悟，

སྙིང་གི་དཀྱིལ་དུ་བསྒོམ་པར་བྱ༔

寧格吉都果巴夏，

修持心中勝壇城。

སྙིང་རྗེས་བསྐུལ་བའི་དམ་ཚིག་ནི༔

寧吉扎比達次尼，

發出大悲誓言者，

བསད་ཅིང་མནན་པ་མ་ཡིན་ཏེ༔

薩江南巴瑪音帝，

而非殺戮和鎮伏，

ཕུང་པོ་རྡོ་རྗེ་གཏམས་བྱས་ནས༔

平波多傑達西內，

金剛會集遍滿後，

རྣམ་པར་ཤེས་པ་རྡོ་རྗེར་བསྒོམ༔

南巴希巴多傑果，

而為修持金剛智。

唵貝雜爾格勒格拉雅吽拍。

སངས་རྒྱས་ཀུན་གྱི་ཡེ་ཤེས་རྒྱུ༔

桑傑更吉益喜吉，

盡一切佛智慧因，

རང་གི་རྡོ་རྗེ་ཆོས་དབྱིངས་ལས༔

仁格多傑切央列，

從己金剛法界生，

འབར་བའི་ཁྲོ་བོ་མི་བཟད་པའི༔

巴瓦處烏莫薩比，

忿怒熾熱之無盡，

སྐུ་ཡི་དབྱིག་ཏུ་བདག་བསྐྱེད་དོ༔

格伊以都達吉哆，

我生起色身珍寶，

ཆོས་ཉིད་སྐྱེ་བ་མེད་པ་ལས༔

切吉哇梅巴列，

從自性空之無生，

མ་འགག་རྡོ་རྗེ་སྲིན་པོའི་སྐུ༔

瑪噶多傑珊比格，

金剛羅刹身無礙，

མཐིང་ནག་ཕྱག་གཉིས་ཕུར་བ་འདྲིལ༔

特那夏尼普巴智，

青藍二臂挽橛杵，

འཁོར་ལོ་རྒྱས་འདེབས་ཡུམ་དང་བཅས༔

科洛吉帝優當傑，

反覆祈請佛母眷，

བསྐལ་པ་མེ་ལྟར་འབར་བའི་ཀློང་༔

噶哇梅達巴比隆，

猶如劫火中熾熱，

རང་བྱུང་ཡེ་ཤེས་སྐུ་རུ་གསལ༔

仁雄伊喜格若薩，

自生智慧身顯現，

ཧཱུ་རྡོ་རྗེ་གཞོན་ནུ་རིག་འཛིན་རྣམས༔

吽多傑雲努仁增南，

吽字金剛眾持明，

སྲིད་པ་རྡོ་རྗེ་གྲུབ་མཛོད་ཅིག༔

詩巴多傑智佐者

願成就世間金剛

སྲིད་པ་རྡོ་རྗེ་ཕུར་བའི་ལྷ༔

詩巴多傑普比拉，

世間金剛橛本尊，

ཡེ་ཤེས་ཁྲོ་བོ་འགྲུབ་པར་མཛོད༔

伊喜處烏智巴佐！

願成智慧忿怒眾！

唵貝雜爾格勒格拉雅薩爾哇百南哇木吽拍。

以上咒語，猛厲念誦，證得悉地。陳列供界會供朵瑪食子，盡一切財富，以三金剛字唵阿吽而加持。

ཧཱུྃ་སྲིད་པ་ཕུར་བུ་སྒྲུབ་པ་དང་༔

吽 詩巴普烏智巴當，

成為吽字世間橛，

དབང་དང་དངོས་གྲུབ་བླང་བའི་ཕྱིར༔

旺當俄智良威希，

能取灌頂成就因，

ཡེ་ཤེས་ཁྲོ་བོ་གཤེགས་སུ་གསོལ༔

伊喜處烏歇蘇索。

智慧忿怒尊降臨。

ཡེ་ཤེས་ཁྲོ་བོ་གཤེགས་ནས་ཀྱང་༔

伊喜處烏歇內江，

智忿怒尊降臨後，

འདོད་ཡོན་རྒྱན་གྱི་ཚོགས་གཏོར་དང་༔

哆雲堅吉措朵當，

以妙欲莊嚴會供，

མཆོད་པའི་ཕྱག་རྒྱ་ཆེན་པོ་བཞེས༔

卻比夏嘉欽波伊，

供養大手印受用，

རྟགས་དང་མཚན་མ་བསྟན་པ་དང་༔

達當參瑪旦巴當，

示現標誌和形相，

ཀཱི་ལ་ཡ་ཡི་དངོས་གྲུབ་སྩོལ༔

格拉雅伊俄智佐！

賜與格拉雅悉地！

བྲན་དང་བཀའ་ཉན་ཕོ་ཉའི་ཚོགས༔

占當噶寧頗尼措，

僕役護法使者眾，

ལྷག་མའི་གཏོར་མ་འདི་བཞེས་ལ༔

拉梅朵瑪都伊拉，

無餘供施享用中，

སྔོན་ཚེ་ཇི་སྐད་ཁས་བླངས་བཞིན༔

俄才吉達開令音，

猶如昔前而承許，

བསྔོ་བའི་ལས་རྣམས་འགྲུབ་པར་མཛོད༔

果威列南智巴住！

願修諸事業成就！

薩爾哇噶那乍扎波乍卡嘿。

密咒意事業橛供贊：

ཧཱུྃ་རང་ཉིད་རྡོ་རྗེ་ཆོས་དབྱིངས་ལས༔

吽仁尼多傑切央列，

吽自性金剛法界，

ཡེ་ཤེས་རོལ་བའི་མཆོད་སྤྲིན་ནི༔

伊喜若比卻貞尼，

智慧幻化供雲者，

ཉེར་སྤྱོད་འདོད་ཡོན་བླ་མེད་རྫས༔

尼覺哆雲喇梅支，

受用妙欲殊勝財，

བླང་དོར་མེད་པའི་དགྱེས་མཆོད་བཞེས༔

良哆梅比吉卻伊。

無取捨喜供享用。

貝雜爾波切嘟白阿魯格漢泥威嗟夏達，麻哈巴雜阿梅達卡嘿，麻哈日恰卡嘿，麻哈巴龍達卡嘿。

ཧཱུྃ་ཐབས་ཀྱི་སྤྱོད་པས་འགྲོ་དོན་དུ༔

吽塔吉覺比卓冬都，

吽字法行利有情，

བྱམས་དང་སྙིང་རྗེས་གང་འདུལ་བ༔

香當寧吉岡都哇，

憑以悲憫盡調伏，

སངས་རྒྱས་ཕྲིན་ལས་རྫོགས་མཛད་ཕྱིར༔

桑傑赤列佐作希！

佛事業一切圓滿！

དཀྱིལ་འཁོར་ས་ལ་ཕྱག་འཚལ་བསྟོད༔

吉科拉拉夏叉哆！

頂禮讚頌壇城尊！

意金剛事業橛

༄༅། །མཁའ་འགྲོ་ཡེ་ཤེས་མཚོ་རྒྱལ་གྱི་སྒྲུབ་པ་མཁའ་སྤྱོད་མྱུར་ལམ་བཞུགས

伊希措嘉空行速道

ཨེ་མ་ཧོཿ

唉麻火！

奇呀哉！

གཉུག་མ་མཐའ་བྲལ་ཆོས་ཀྱི་སྐུཿ

娘瑪塔扎切吉格，

本性離邊勝法身，

ཟང་ཐལ་རིག་པ་བླ་མའི་དཔལཿ

桑塔仁巴喇嘛巴，

無遮見上師威德，

ངང་གནས་ཆེན་པོར་གསོལ་བ་འདེབསཿ

俄內欽波索哇帝，

本性聖處我祈請，

སྤྲོས་བྲལ་དགོངས་པས་བྱིན་གྱིས་རློབསཿ

遮扎貢比興吉隆！

離戲密意賜加持！

སེམས་ཉིད་སྟོང་གསལ་གཞལ་ཡས་སུཿ

賽尼冬薩雅伊蘇，

心性空明越量宮，

རིག་པ་ལྷུན་གྲུབ་མཚོ་རྒྱལ་མ༔

仁巴林智措嘉瑪，

智慧任成海勝母，

མཚོན་འཛིན་སྤྲོས་བྲལ་ཟང་ཐལ་སྐུ༔

寸增遮扎桑塔格，

執刀離戲無遮身，

ཉག་གཅིག་གསལ་འཚེར་ཞི་བ་ཁྲོ༔

寧吉薩才希瑪處，

唯有恐怖靜猛尊，

རྟག་ཆད་མཐའ་བྲལ་ཕྱག་གཉིས་པ༔

達恰塔扎夏尼巴，

常斷離邊二臂中，

གཟུང་བ་རང་གྲོལ་ཌཱ་མ་རུ༔

松哇仁卓扎瑪日，

執自解脫扎瑪日，

འཛིན་པ་ཚར་གཅོད་གྲི་གུག་བརྟེན༔

增巴叉覺智勾旦，

能依持制伏鉞刀，

མཉམ་ཉིད་རོལ་བའི་གར་སྟབས་ཅན༔

寧尼若威噶達堅，

平等幻化舞姿者，

གཟུགས་སྣང་རང་གྲོལ་རིན་ཆེན་དང་༔

詩良仁卓仁欽當，

印象自解脫珍寶，

ཡིད་སྣང་དག་པའི་རུས་རྒྱན་གསོལ༔

伊良達比若堅索，

意相清淨呈骨飾，

སྟོང་གསལ་མཐའ་བྲལ་རྫོགས་སངས་རྒྱས༔

冬薩塔扎佐桑傑，

空明離邊一切佛。

གསལ་བ་ལྷུན་གྲུབ་བླ་མའི་ཚོགས༔

薩哇林智喇嘛措，

光明任成上師眾，

ཐུགས་རྗེས་ཡེ་ཤེས་དབྱིངས་སུ་རོལ༔

陀吉伊喜央蘇若，

悲憫智慧境化身，

རང་གདངས་རིག་པའི་ཕྱག་འཚལ་ཞིང་༔

仁當仁比夏叉香！

自舉起明我頂禮！

རིག་རྩལ་ལྷུན་གྲུབ་མཆོད་པ་འབུལ༔

仁乍林智卻巴波，

呈獻智慧任成供。

ཉམས་རྟོག་ཆོས་སྐུ་ཆེན་པོར་བཤགས༔

南哆切格欽波夏，

無別大法身懺悔，

ལྟ་སྒོམ་སྤྱོད་ལ་རྗེས་ཡི་རང་༔

達果覺拉吉伊仁，

觀修行之中隨喜，

སྨྲ་བསམ་བརྗོད་བྲལ་ཆོས་འཁོར་བསྐོར༔

瑪薩覺扎切科果，

離言思詮轉法輪，

འཕོ་མེད་གཞོན་ནུར་བུམ་སྐུར་བཞུགས༔

頗梅雲努笨格秀，

進入長壽童瓶身，

ཡུལ་མེད་ཟང་ཐལ་ཆེན་པོར་བསྔོ༔

優梅桑塔欽波俄，

無境大無遮迴向。

唵格哈雅嘉納薩爾哇斯地吽。

如誦七十萬遍，可證悉地，如若修長壽，則威光降臨，厄阿日列嘉納阿威夏雅拍拍。

ཧཱུྃ༔ བདེ་ཆེན་ཀུན་ཏུ་བཟང་མོ་ཡི༔

吽　帝欽更都桑姆伊，

憑以大樂普賢母，

རོལ་རྩལ་རྡོ་རྗེ་ཕ་ར་ཧི༔

若乍多傑哇日嘿，

大力金剛瓦日嘿，

གསང་གསུམ་ཡེ་ཤེས་རོལ་བའི་དཔལ༔

桑松伊喜若威巴，

三密智幻化威德，

ཕྱི་རོལ་དྭངས་པའི་ནམ་མཁའ་དང༔

希若當比南卡當，

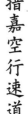

外境清淨之虛空，

ནང་དབྱིངས་སེམས་ཉིད་ནམ་མཁའ་གཉིས༔

囊央賽尼南卡尼，

內境心性二虛空，

འཛིན་པའི་སྤུན་ཐག་དང་བྲལ་ཚེ༔

增比本塔當扎才，

所執緯線離開時，

དབྱེར་མེད་གཅིག་ཏུ་འདྲེས་པ་ལྟར༔

吉美吉都遮巴達，

猶如無分別融合，

སེམས་དང་རིག་པ་དབྱེར་མེད་ངང་༔

賽當仁巴吉美昂，

心與智無分別態，

མ་བཅོས་མཉམ་པ་ཉིད་དུ་བརྡལ༔

瑪吉寧巴尼都達，

展開真實平等性，

གཏད་མེད་རྒྱ་ཡན་ཆེན་པོ་རུ༔

達美嘉燕欽波若，

無定恍惚無知覺，

གཉུག་མའི་དོན་གྱི་ཆོས་སྐུ་ལ༔

尼瑪冬吉切格拉，

願始義之法身中，

སྨོན་པ་མེད་པར་ཨ་ལ་ལ༔

門巴美巴阿拉拉！

啊呀唉籲無祈禱！

於丁巳蛇年六月十五日，由伊希措嘉親見本尊，如是而修，顯現自我解脫，從未來手指而執，毫不持疑，由持明空行聖眾引導，猶如忿怒螺貝，以密咒金剛名字而寫。

善哉！善哉！

念修分支，修建天王碑儀軌簡集

༄༅། །བསྙེན་ཡིག་གི་ཡན་ལག་རྒྱལ་ཆེན་ཐོ་འཛུགས་ཀྱི་ཆོ་ག་ཉུང་བསྡུས།

於閉關室門前，修一白色碑中，造四天王身，或者菩提密咒，碑陳列朵瑪食子，以密甘露阿梅達煨桑，以索巴瓦咒淨業觀空：

ཐམས་ཅད་སྟོང་ཉིད་ནམ་མཁའི་ངང་།

塔堅冬尼南喀俄

一切空性虛空界，

ཧཱུྃ་ལས་རིན་ཆེན་སྣོད་ནང་དུ།

種列仁欽努良都，

從種珍寶器皿內，

ཨོཾ་ལས་ཕྱི་ནང་མཆོད་པའི་ཚོགས།

唵列希良卻比措，

從唵內外之會供，

སོ་སོའི་ལྷ་མོའི་རོལ་པར་བཅས།

索索拉姆若哇吉，

不同佛母化身等，

རབ་འབྱམས་ནམ་མཁའ་གང་བར་གྱུར།

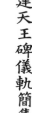

日嘉南卡岡哇傑。

化為無盡之虛空。

唵貝雜爾波切嘟白阿洛噶漢嘟，尼威帝，夏達，波乍薩瑪雅吽。

གཏོར་གཙོང་རཏྣའི་གཞལ་ཡས་སུ།

哆雲日恰雅伊蘇，

供盤無盡珍寶中，

གཏོར་མ་འདོད་ཡོན་ཕུང་པོར་འབར།

哆瑪多雲平烏巴。

朵瑪妙欲集增長。

以唵阿吽火密咒加持，以密甘露阿梅達煨桑，以索巴哇而淨業觀空，從空性中，東方升起白色護國天王，手執琵琶，南方升起青色增長天王，手執寶劍，西方升起紅色廣目天王，手執絞索、寶塔，北方升起黃色多聞天王，手執寶幢和鼬。此諸一切，從己心間、光芒照射，須彌山四方，四天王眷屬圍繞。此時，以「貝雜爾薩瑪乍」迎請，以「乍吽榜火」融合。以咒「唵智達日恰耶娑哈。唵白若達噶耶娑哈。唵白若巴恰耶娑哈。唵白洗爾瑪那耶娑哈。從阿噶木至夏達之間而呈獻供養。」以「納瑪薩爾哇達塔噶達交白夏……等虛空藏咒而增長，呈獻朵瑪食子。」

供贊：

ཟབ་ཅིང་རྒྱ་ཆེན་གཟིགས་པ་པོ།

桑江嘉欽詩巴波，

廣大甚深鑒察者，

ཡུལ་འཁོར་སྲུང་དང་འཕགས་སྐྱེས་པོ།

優科數當帕吉布，

護國和增長天王，

སྤྱན་མི་བཟང་དང་རྣམ་ཐོས་སྲས།

堅莫桑當南梯舍，

廣目多聞天王四，

རྒྱལ་ཆེན་བཞི་ལ་ཕྱག་འཚལ་བསྟོད།

嘉欽伊拉夏叉哆，

四大天王我贊禮，

མཆོད་སྦྱིན་གཏོར་མ་འདི་བཞེས་ལ།

卻興朵瑪帝伊拉，

呈獻供養施食子，

ཕྱོགས་བཞིའི་བགེགས་ཀྱི་མཚམས་ཆོད་ཅིག།

肖伊噶吉叉卻傑！

願四方障永息除！

唵智達日恰耶娑哈，唵白若達噶耶娑哈，唵白若巴恰耶娑哈，唵白希爾瑪訥耶娑哈，帝恰貝雜爾。如是念誦，唯願四大天王永久住世。觀想禪堂靜室，各個方向，由四天王師眾護佑。出關之時，如前供界石智者，並讚頌至終。從「願四方障永息除至唯願囑託事業成。」以「貝雜爾母」咒而送四天王。

༄༅། །གསོལ་འདེབས་ཉམས་ཆག་སྐོང་བ།

祈請補足衰退

ཀྱཻ་བླ་མ་རིན་པོ་ཆེ།

嗟籲喇嘛仁波切，

嗟籲喇嘛仁波切，

བདག་ལ་རེ་ས་གཞན་ན་མེད།

達拉熱薩燕那美，

我之願心非別處，

ཐུག་རྗེའི་སྤྱན་གྱི་གཟིགས་སུ་གསོལ།

陀吉堅吉詩蘇索，

祈請大悲觀世音，

མ་རིག་འཁྲུལ་བས་བདག་ནོན་ཏེ།

瑪仁車威達農帝，

無明迷惑我鎮伏，

སྒོ་གསུམ་ཉེས་པ་ཅི་མཆིས་པ།

果松尼巴吉琪巴，

三門罪過一切除，

རབ་ཏུ་འགྱོད་པས་བཤགས་པར་བགྱི།

惹都覺比夏巴吉，

更應特別作懺悔，

སྡོམ་པ་གསུམ་དང་འགལ་གྱུར་ཅིང་།

哆巴松當噶吉江，

違逆三律儀改變。

ཉེས་པའི་དྲི་མས་སེམས་གོས་པ།

尼巴智米賽格巴，

若罪惡垢心習染，

དེ་ཀུན་ཁྱོད་ཀྱི་ཐུགས་རྗེ་ཡིས།

帝更卻吉陀吉伊

一切皆憑您大悲

སྐད་ཅིག་ཉིད་ལ་བྱང་བར་མཛོད།

噶吉尼拉香哇佐！

願心剎那證菩提！

བདག་ནི་མི་ཤེས་རྨོངས་པ་ཡི།

達尼莫希蒙巴伊，

我等無智及愚癡，

མ་འཚལ་བཞིན་དུ་སྡིག་བགྱིས་པས།

瑪叉音都帝吉比，

如不容忍造惡業，

སྔར་ཡང་འཁོར་བར་རབ་ཏུ་འཁྱམས།

俄央科哇惹都恰，

如昔漂泊於輪迴，

ད་ནི་བླ་མ་ཐུགས་རྗེ་ཅན།

達尼喇嘛陀吉堅，

現今上師具悲憫，

ཁྱོད་ཀྱིས་བདག་གི་སྒྲིབ་པ་ཀུན།

卻吉達格智巴更，

由你與吾一切障，

སྐད་ཅིག་ཉིད་ལ་བསལ་བར་མཛོད།

噶吉尼拉薩哇佐，

唯願剎那盡消除，

འདི་ལྟར་མི་ཤེས་བྱིས་པ་ལ།

帝達莫希西巴拉，

猶如無知童孺中，

སྐྱོན་གྱུར་མཐོང་ཚེ་ལྷག་པར་ཡང་།

君吉同才拉巴央，

特別所見過失時，

ཐུགས་རྗེས་གཟིགས་པ་མི་འདུག་ན།

陀吉詩巴莫傑那，

若是悲憫見不入，

དེ་ལས་གཞན་ལ་ཅིར་འགྱུར་དགོངས།

帝列燕拉吉傑貢，

從此即彼皆轉變，

བུ་ཡི་ཉེས་པ་གང་ལགས་པ།

烏伊尼巴岡拉巴，

子之盡所有罪過，

མ་ཡིས་སེམས་ཀྱང་སྐྱོང་བ་ལྟར།

媽以賽江君哇達，

猶如以母心護持。

བདག་ཅག་འགྲོ་དྲུག་སེམས་ཅན་ལ།

達嘉卓智賽堅拉，

我等六趣有情中，

ཁྱོད་ཀྱིས་དང་པོར་ཐུགས་བསྐྱེད་ནས།

卻吉當波陀傑內，

由汝開始發心後，

ཕན་པར་མཛད་ཅེས་དམ་བཅས་ན།

帕巴作吉達嘉那，

若以饒益具誓言，

དུས་འདིར་བདག་ལ་ཅེས་མི་དགོངས།

帝德達拉吉莫貢。

我於今世盡無想。

བདག་ཅག་འཁྲུལ་པའི་སེམས་ཅན་རྣམས།

達嘉處威賽堅南，

我等迷失眾有情，

གཟིགས་ནས་ཐུགས་རྗེས་མི་འཛིན་ན།

詩內陀吉莫增那，

若所見而不悲憫，

ཁྱོད་ཀྱི་ཕྲིན་ལས་གདུལ་བྱ་ལ།

卻吉赤列都夏拉，

於你事業調伏中，

ཕན་པ་དེ་ཡང་ཇི་ལྟར་དགོངས།

帕巴帝央吉達貢，

復次如是欲饒益，

སྔོན་གྱི་རྒྱལ་བ་གྲངས་མེད་ཀྱང་།

俄吉嘉哇扎美江，

過去世時無量佛，

བདག་ཅག་སྐྱངས་ནས་ཐར་བར་གཤེགས།

達嘉榜內塔哇歇，

悲憫我等得解脫，

ད་ནི་ཕྱོགས་བཅུའི་རྒྱལ་བ་ཡིས།

達尼肖吉嘉哇伊，

憑以今世十方佛，

ཁྱོད་ལ་བསྐུལ་ནས་བདག་ཅག་གི།

卻拉格內達嘉格，

由您於我等摧勵，

དོན་དུ་བླ་མ་རྣམ་སྤྲུལ་ན།

冬都喇嘛南智那，

由師化身一切義，

ཁྱོད་ཀྱིས་བདག་ཅག་འདོར་ཕོད་དམ།

卻吉達嘉哆普達，

由您與我等戒除，

འཇིགས་སར་སྐྱེལ་མས་བསླུས་པ་བཞིན།

吉薩傑米勒巴音，

若誘導於怖畏處，

ཁྱོད་ཀྱིས་དེ་རིང་སླུ་མཛད་དམ།

卻吉帝讓勒乍達，

若你今日被誘騙，

ཡིད་བཞིན་ནོར་བུ་རིན་ཆེན་ཡང་།

伊音努烏仁欽央，

復次憑以摩尼寶，

གསོལ་བ་བཏབ་ན་འདོད་དགུར་འབྱིན།

索哇達那哆勾金，

如若祈請賜九欲，

ཁྱོད་ནི་བརྩེ་ཆེན་ཐབས་ལ་མཁས།

卻尼則欽塔拉開，

您以善巧大悲憫，

ཅིའི་ཕྱིར་བདག་ལ་རྗེས་མི་གཟིགས།

吉希達拉吉莫詩，

何故我無有蹤影，

ཤ་ཟ་རྣམས་ཀྱང་མཆོད་སྦྱིན་དང་།

夏薩南江卻興當，

眾食肉者供佈施，

བདེན་པའི་ཚིག་ནི་བརྗོད་མ་ཐག།

鄧比次尼覺瑪塔，

真實之語不斷言，

སྔོན་གྱི་ཁྲོ་བའང་འདོར་བགྱིས་ན།

俄吉處哇哆吉那，

若戒除往昔瞋恚，

ཁྱོད་ནི་ཐུགས་རྗེ་འགྲོ་བའི་ཡབ།

卻尼陀吉卓威雅，

您為悲憫眾生父，

གུས་མཆོད་གདུང་བས་སེམས་གདུངས་ཤིང་།

格卻冬威賽頓香，

敬信供養心悲憫，

ཉེས་པ་བཤགས་ན་ཅིས་མི་གཟིགས།

尼巴夏那吉莫詩，

如若懺悔罪不見，

བདག་གི་སྡིག་ཀུན་མ་བྱང་བར།

達格帝更瑪香哇，

我等罪過淨無染，

སྐྱེ་བ་གཞན་དུ་སོང་གྱུར་ན།

吉哇燕都松傑那，

如若彼壽命遷轉，

དམྱལ་མེས་བསྲེག་པ་ཁོ་ནར་ཟད།

壓米舍巴科那薩，

唯地獄火盡熾燃，

དེ་ལ་ཁྱོད་ཀྱིས་མི་གཟིགས་ན།

帝拉卻吉莫詩那，

於此如你無所見，

ཐུགས་རྗེའི་བདག་ཉིད་ཇི་ལྟར་ལགས།

陀吉達尼傑達拉，

你為悲憫之自性，

ཀྱེ་མ་ཀྱེ་ཧུད་བདག་གི་སྡིག།

嗟瑪吉哈達格帝，

嗚呼哀哉我之罪，

མ་ལུས་བྱང་བར་མཛད་དུ་གསོལ།

瑪列香哇乍都索，

無餘祈請證菩提，

སྐད་ཅིག་འདི་ལ་ཐུགས་རྗེས་དགོངས།

噶吉帝拉陀吉貢，

剎那於此悲憫心，

བདག་ལ་དབང་བསྐུར་བྱིན་གྱིས་རློབས།

達拉旺勾興吉隆，

對我授記賜加持，

མཆོག་དང་ཐུན་མོང་དངོས་གྲུབ་སྩོལ།

卻當同門俄智佐，

賜勝共不共悉地。

བགེགས་དང་ལོག་འདྲེན་བར་ཆད་སོལ།

格當洛遮哇恰索，

邪魔誤導障消除，

ཚེ་འདིར་བསམ་པ་ཀུན་འགྲུབ་ཅིང་།

才帝薩巴更智江！

今世心想事竟成！

འཆི་ཁར་གནད་གཅོད་སྡུག་བསྔལ་མེད།

琪卡尋覺都俄美！

臨終肢解無苦厄！

བར་དོའི་འཇིགས་པ་ཀུན་ལས་སྒྲོལ།

哇哆吉巴更列卓！

中有怖畏中度出！

འོག་མིན་གནས་སུ་འཁྲིད་པར་མཛོད།

敖門內蘇車巴佐！

唯願引至密嚴土！

若如是七十四晝夜，作四十九次祈請，從彼淨除一切衰退，速證殊勝共與不共悉地之補足衰退中，別無深義。此法從大遍智佛法心性安息注釋大乘經典中摘錄。

善哉！善哉！

西元二零零六年冬譯竟於天水寧瑪精舍

༄༅། །རྩ་བ་གསུམ་གྱི་ལྷ་ཚོགས་ལ་རྒྱུན་ཚོགས་འབུ
ལ་བའི་ཚོ་ག།བདེ་བ་ཆེན་པོའི་མཆོད་སྤྲིན་ཞེས་བྱ་བ
་བཞུགས་སོ།། །

三根本聖衆日常會供儀軌大樂供雲

華欽多傑上師傳承

劉兆麒翻譯

།རྩ་གསུམ་དཀྱིལ་འཁོར་རྒྱ་མཚོའི་སྤྲིན།

作松吉科嘉措貞，

三尊壇城大海雲，

།སྤྲོ་བསྡུའི་བདག་ཉིད་བཅོམ་ལྡན་འདས།

卓嘟達尼覺旦帝，

歡喜集自性世尊，

།དཔལ་ལྡན་བླ་མ་རྡོ་རྗེ་སེམས།

華旦喇嘛多傑賽，

具德上師金剛心，

།དབྱེར་མེད་སེམས་ཀྱི་ཐིག་ལེར་འདུད།

傑美賽吉特裡嘟！

頂禮心無別明點！

於此，一心專注，修持證得自在二次地甚深瑜伽二資糧財富增長法，希有會供輪儀軌，每日無染修持之中，面前供台陳列供品、資具，觀想自己剎那化為金剛薩埵，身姿站立，全身潔白，一頭二臂，執持鈴杵。眷屬佛母，亦身站立，自性佛示現色身，光芒照耀，遍及盡所有情器世間，淨治不淨罪業。一切外器世間，清淨剎土及越量宮，一切內器世間，佛和佛母，自性無量清淨。從盡所有自他三處、手心，生起三世積集妙善之力，內外密供雲，不可思議。猶如聚集殊勝普賢供雲，充滿盡虛空界。

誦供養雲咒：

南無日阿那扎雅雅，南無巴噶瓦帝，貝雜爾薩惹，巴日瑪達耶，達塔噶達雅，阿爾哈帝，桑木雅噶桑波達雅。達雅塔，唵，貝雜爾貝雜爾，瑪哈貝雜爾，瑪哈帝乍貝雜爾，瑪哈貝哈雅貝雜爾，瑪哈波帝資達貝雜爾，瑪哈波帝麻佐鄔巴，桑扎瑪納貝雜爾。薩爾瓦噶爾瑪阿哇惹納，白夏達那，貝雜爾耶梭哈。

唵，貝雜爾阿噶阿吽，巴哈雅阿吽，波白阿吽、吽白阿吽，阿洛噶阿吽，幹帝阿吽、尼威哈雅阿吽，夏達阿吽。唵，薩爾瓦巴雜阿米達阿吽。唵，瑪哈惹恰阿吽。唵，瑪哈巴列達阿吽，貝雜爾法日納康。

如是廣大會供波濤之中，淨治會供資具。

接誦淨業觀空咒：

讓央康，唵，索巴瓦，悉達，薩爾瓦達爾瑪、索巴瓦，悉哆杭。（七至二十一遍）

持誦以上淨業觀空咒後，觀想是諸經過誦咒加持之會供輪器物、藥物、資具等等，化為不可得空。從空性態，自己前方央（ཡཾ）字為風，讓（རཾ）字為火，蓋（ཀྵཾ）字人頭三角灶石之中，所依阿（ཨཱཿ）字，生起智慧顱骨碎片，外白內紅，現己額間，方圓由旬範圍，不可思議。其內黃金輪、四輪幅外圍，軸心之中，人肉、白菩提。東方牛肉、大香。南方狗肉、人肉。西方馬肉及秘密甘露。北方象肉、小香。是諸之上，依照次第，以吽莫（ཧཱུྃ་མཱུྃ）、唵拉（ཨོཾ་ལཱྃ）、娑芒（སྭཱྃ་མཱྃ）、阿榜（ཨཱྃ་པཱྃ）、哈當（ཧཱ་ཏཱྃ）諸字種，化為標記。己心間種子，正及光芒照耀之風，風吹火燃，顱器等等，供器熔化轉動，十種鈴杵等法器標識，從各軸心，各個種子，放射光芒，彙聚一切有寂甘露，隱沒變化，化為五羯磨部。十佛父母，大樂雙運，降下紅白菩提，五部佛及佛母，光芒融入無盡甘露大海。糖果、點心滋味之力，圓滿水汽，五光彌漫，內外密妙欲會供，不可思議，遍滿大地虛空盡一切處。

誦加持內外密妙欲咒：

唵阿吽，薩爾瓦巴雜阿米達吽舍。（三遍）

會供迎請：

觀想從己心間，光芒放射，住於無邊十方刹土之上師，本尊、諸佛、菩薩，空行勇士，護法及其盡一切眷屬聖眾，自己殊勝恩德根本上師，能依修持本尊，依供修持，誓言護法。化為應供賓客會供，盡一切無餘，住而舞蹈。從各自清淨刹土，虛空彩虹光芒之帳，花雨、法樂音聲，噴妙香味等希有兆。無邊神通事業，化為九欲，不可思議，於大莊嚴地，而作迎請。

咒：唵、貝雜爾薩瑪雅乍！

ཧཱུྃ༔ །འོག་མིན་མངོན་དགའ་དཔལ་ལྡན་བདེ་བ་ཅན།

吽！敖門俄噶華旦帝哇堅，

吽！密嚴刹土喜妙樂吉祥，

།ལས་རབ་གྲུབ་པ་མེ་རི་འབར་བའི་ཞིང་།

列惹智巴美熱巴威香，

事業極成火山熾燃田，

།རྔ་ཡབ་གླིང་དང་གནས་ཡུལ་དུར་ཁྲོད་བརྒྱད།

厄雅林當內優嘟處嘉，

拂塵洲和八屍林之處，

།རབ་འབྱམས་ཞིང་གི་བཀོད་པ་རྒྱ་མཚོ་ནས།

惹嘉香格果巴嘉措內，

從無邊剎莊嚴大海中，

།རྩ་བརྒྱུད་བླ་མ་ཡི་དམ་ཞི་ཁྲོའི་ལྷ།

乍吉喇嘛伊達希處拉，

本續上師本尊空行眾，

།དཔའ་བོ་མཁའ་འགྲོ་དམ་ཅན་ཆོས་སྐྱོང་ཚོགས།

華烏卡卓達堅切君措，

空行勇士誓言護法眾，

།ནོར་ལྷ་གཏེར་བདག་དཀར་ཕྱོགས་སྐྱོང་ལ་སོགས།

努拉帝達噶肖君拉索，

財神藏主善品護法等，

།མདོར་ན་འཁོར་འདས་མགྲོན་རིགྶ་མ་ལུས་པ།

朵那科帝鐘仁瑪列巴，

總持有寂諸客部無餘，

།ངོ་མཚར་ལྟས་དང་ཆོ་འཕྲུལ་དཔག་མེད་བཅས།

俄擦帝當卻車華美吉，

希有相和無邊神通眷，

།དམ་རྫས་ཚོགས་ཀྱི་འཁོར་ལོའི་དགའ་སྟོན་དུ།

達資措吉科洛噶冬嘟，

住於聖物會供輪喜筵，

།ཐོགས་མེད་འདིར་གཤེགས་འོད་འབར་གདན་ཁྲི་ལ།

陀美帝歇敖巴旦車拉，

無著來此光明法座上，

།རབ་ཏུ་དགྱེས་ཤིང་བརྟན་པར་བཞུགས་སུ་གསོལ།

惹嘟吉香旦巴秀蘇索！

極其歡喜祈請永安住！

咒：唵格波達菩提薩埵帝瓦扎格尼，達爾瑪巴拉薩巴惹瓦惹貝雜爾薩瑪雅卡，貝瑪噶瑪拉耶達。

於會供三分支中，會供第一分支呈於供台，且觀想從己心間，妙欲佛母，照射無量會供，施設會供輪資具，呈獻是諸聖眾，慈悲受用：

ཧཱུྃ། །གཟུགས་ཀྱི་རྡོ་རྗེ་མཛེས་ཤིང་འཛུམ་པའི་བཞིན།

吽！詩吉多傑仄香資威音，

吽！色的金剛妙端面微笑，

།ཡིད་འོང་ཟུར་གྱིས་བལྟ་ཞིང་སྒེག་འགྱུས་མ།

伊敖詩吉達香格遮瑪，

悅意睨目步態輕盈女，

།མིག་ལམ་མངོན་པར་འབེབས་པའི་ལོངས་སྤྱོད་ཀྱིས།

莫拉俄巴白比隆覺吉，

眼簾示現降臨請受用，

།དེ་བཞིན་རིགས་ཀྱི་ལྷ་ཚོགས་མཉེས་གྱུར་ཅིག།

帝音仁吉拉措尼吉幾。

唯願如是部的聖眾喜。

།སྒྲ་ཡི་རྡོ་རྗེ་དྲུག་ལྡན་ཡང་དག་གླུ།

卓伊多傑智旦央達勒，

聲韻金剛六俱清淨歌，

།འགྱུར་ཞིང་དབྱངས་སྙན་གསང་བའི་ཚིག་ཏུ་འཁྲོལ།

吉香央寧桑威次嘟處，

聲律委婉彈奏秘密語，

།རྣ་བའི་བདུད་རྩིར་འབེབས་པའི་ལོངས་སྤྱོད་ཀྱིས།

那威嘟資白比隆覺吉！

降臨聲聞甘露請受用！

།རྡོ་རྗེ་རིགས་ཀྱི་ལྷ་ཚོགས་མཉེས་གྱུར་ཅིག།

多傑仁吉拉措尼吉幾。

唯願金剛部聖眾歡喜。

།དྲི་ཡི་རྡོ་རྗེ་རྣམ་པར་ཞིམ་པའི་བསུང་།

智伊多傑南巴興威松，

香的金剛發出芳香味，

།ལུས་དང་བནས་མངར་པོར་འཕྲུལ་བ་ལས།

列當卡內厄波土瓦列，

從身和語向外噴香氣，

།སྣ་ཡི་དཔལ་ཏུ་གྱུར་བའི་ལོངས་སྤྱོད་ཀྱིས།

那伊華鬥吉比隆覺吉，

化成香味吉祥請受用，

རིན་ཆེན་རིགས་ཀྱི་ལྷ་ཚོགས་མཉེས་གྱུར་ཅིག།

仁欽仁吉拉措尼吉幾。

唯願寶生部聖眾歡喜。

།རོ་ཡི་རྡོ་རྗེ་མྱོང་བའི་བདེ་སྟེ་རམ།

若伊多傑娘威帝代碼，

味的金剛品嘗大樂盤，

།ལྗགས་དང་མ་མཆུའི་སྦྲང་རྩི་རོ་བརྒྱ།

嘉當瑪曲章資若嘉哇，

舌和嘴唇嘗蜂蜜美味，

།ལྕེ་ལ་འདོད་པ་སྟེར་བའི་ལོངས་སྤྱོད་ཀྱིས།

傑拉哆巴帝哇隆覺吉，

舌中所求呈獻請受用，

།པད་མ་རིགས་ཀྱི་ལྷ་ཚོགས་མཉེས་གྱུར་ཅིག།

貝瑪仁吉拉措尼吉幾。

唯願蓮花部聖眾歡喜。

།རེག་བྱའི་རྡོ་རྗེ་འདེགས་སྦྱོད་འཁྲིལ་སྦྱོར་མཁས།

熱夏多傑達覺車覺開，

觸的金剛擁抱妙交合，

དྲི་བཙན་ཧྡུ་ཏིར་འཕྲོ་བའི་རེག་བྱ་ཅན།

智雲嘟帝處威熱夏堅，

香乘善美放射之所觸，

།ལུས་སྟོབས་ཀུན་ནས་བསྐྱེད་པའི་ལོངས་སྤྱོད་ཀྱིས།

列哆更內吉比隆覺吉，

一切身力生起請受用，

ལས་ཀྱི་རིགས་ཀྱི་ལྷ་ཚོགས་མཉེས་གྱུར་ཅིག།

列吉仁吉拉措尼吉幾。

唯願羯摩部聖眾歡喜。

།ཆོས་ཀྱི་རྡོ་རྗེ་འཛུམ་པའི་པད་མ་ཡིས།

切吉多傑資比貝瑪伊，

法的金剛以微笑蓮花，

།གཏུམ་མོ་བསྐུལ་བའི་ག་བུར་ཞུ་བདེ་ལས།

嘟姆勾威噶烏香帝列，

猛利母摧勵冰片樂融，

།ཆགས་མེད་ཡེ་ཤེས་རྒྱས་པའི་ལོངས་སྤྱོད་ཀྱིས།

恰美伊喜吉比隆覺吉，

無欲智慧增上請受用，

།ཀུན་བཟང་རང་རིག་ལྷ་ཚོགས་མཉེས་གྱུར་ཅིག།

格桑讓仁拉措尼吉幾！

唯願普賢自證聖眾喜！

持誦咒：唵，格惹波達菩提薩埵帝瓦扎格尼，達爾瑪巴拉薩巴惹瓦日嘎納乍扎波乍卡嘿。

ༀ་ཨཱཿཧཱུྃ། བདེ་སྟོང་ཉིད་འཛིན་རོལ་པ་ལས་བྱུང་བའི།

唵阿吽　帝冬當增若巴列雄威，

樂空等持幻化而生起，

།སྲིད་ཞིའི་མཆོད་ཚོགས་ནམ་མཁའ་མཛོད་ཀྱི་སྒོ།

詩希卻措南卡佐吉果，

有寂會供虛空藏之門，

།ཅིར་ཡང་འཆར་བ་ཀུན་བཟང་མཆོད་པའི་སྤྲིན།

傑央恰瓦格桑卻比貞，

一切升起普賢供養雲，

།འཁོར་འདས་དཔལ་ཡོན་མ་ཚང་མེད་པ་དང་།

科帝華雲瑪倉美巴當，

有寂威德而無不俱足，

།ཚོགས་ཀྱི་ལོངས་སྤྱོད་རྒྱ་ཆེན་འདི་དག་གིས༔

措吉隆覺嘉欽帝達格！

是諸廣大會供請受用！

སྐྱེས་མཆོག་བླ་མ་རྣམས་ཀྱི་ཐུགས་དམ་བསྐང་༔

吉卻喇嘛南吉陀達岡！

是諸聖者上師誓願足！

ཡི་དམ་ལྷ་ཚོགས་རྣམས་ཀྱི་ཐུགས་དམ་བསྐང་༔

伊達拉措南吉陀達岡！

是諸本尊聖眾誓願足！

མ་དང་མཁའ་འགྲོ་རྣམས་ཀྱི་ཐུགས་དམ་བསྐང་༔

瑪當卡卓南吉陀達岡！

是諸空行空行母願足！

གཏེར་བདག་གཏེར་བསྲུང་རྣམས་ཀྱི་ཐུགས་དམ་བསྐང་༔

帝達帝松南吉陀達岡！

是諸藏主護藏主願足！

གཞི་བདག་གཞི་བསྲུང་རྣམས་ཀྱི་ཐུགས་དམ་བསྐང་༔

伊達伊松南吉陀達岡！

地祇護方神之誓願足！

མཆོད་ཡུལ་གོང་མ་རྣམས་ཀྱི་ཐུགས་དམ་བསྐང་༔

卻優貢瑪南吉陀達岡！

供養境之祖師誓願足！

སྦྱིན་ཡུལ་འོག་མ་རྣམས་ཀྱི་ཐུགས་དམ་བསྐང་༔

堅優敖瑪南吉陀達岡！

下界佈施處之誓願足！

རིགས་དྲུག་པ་མ་རྣམས་ཀྱི་ཐུགས་དམ་བསྐང་༔

仁智帕瑪南吉陀達岡！

六趣有情眾生誓願足！

ལན་ཆགས་མགྲོན་སྒྱུར་རྣམས་ཀྱི་ཐུགས་དམ་བསྐང་༔

南恰鐘吉南吉陀達岡！

轉化冤孽賓客誓願足！

ཐམས་ཅད་ཐུགས་དམ་གཉན་པོ་དེར་སྐོང་ལ།

塔堅陀達寧波帝貢拉！

所有嚴重誓言誓願足！

གཡང་དམ་སོར་ཆུད་དངོས་གྲུབ་སྩོལ་དུ་གསོལ།

雅達索曲俄智卡門索！

承諾誓言所賜任運成！

羯磨、會供隨一和合儀軌會供集：

རཾ་ཡཾ་ཁཾ། ཨོཾ་ཨཱཿཧཱུྃ

讓央康，唵阿吽

།ཚོགས་རྫས་འདོད་ཡོན་ཡེ་ཤེས་རོལ་བས་བརྒྱན།

措資哆雲伊喜若威堅，

供品妙欲智慧化莊嚴，

།ཚོགས་རྗེ་ཚོགས་བདག་རིག་འཛིན་བླ་མ་དང་།

措吉措達仁增喇嘛當，

會供至尊主持明上師，

།གདན་གསུམ་དཀྱིལ་འཁོར་གནས་ཡུལ་ཉེར་བཞིའི་བདག།

旦松吉科內優尼伊達，

三座壇城二十四處主，

།དཔའ་བོ་མཁའ་འགྲོ་དམ་ཅན་ཆོས་སྐྱོང་རྣམས།

華烏卡卓達堅切君南，

是諸勇士空行護法眾，

།འདིར་གཤེགས་ལོངས་སྤྱོད་ཚོགས་ཀྱི་མཆོད་པ་བཞེས།

帝歇隆覺措吉卻巴伊，

來此受用會供大供養，

།འགལ་འཁྲུལ་ཉོངས་དང་དམ་ཚིག་ཉམས་ཆག་བཤགས།

噶赤弄當達次娘恰夏，

迷惑罪業悔誓作露懺，

།ཕྱི་ནང་བར་ཆད་ཆོས་ཀྱི་དབྱིངས་སུ་སྒྲོལ།

希朗哇恰切吉央蘇卓，

內外道障於法界救度，

།ལྷག་གཏོར་བཞེས་ལ་འཕྲིན་ལས་འགྲུབ་པར་མཛོད།

拉朵伊拉赤列智巴佐，

唯願剩餘朵瑪事業成！

持誦咒： 唵格惹帝瓦扎格尼，達爾瑪巴拉那乍波乍火，鄔資恰巴朗達卡嘿卡嘿。

幻化成就聖物會供：

頂禮事業教言彙集之主尊之後，宣說五種所求系列手印：

ཧོཿ ། བླ་མ་དཔའ་བོ་ཆེན་པོ་དགོངས་སུ་གསོལ།

火 喇嘛華烏欽波貢蘇索，

上師大勇密意祈，

།འདིར་ནི་ཆོས་རྣམས་བཟང་པོར་ལྟོས།

帝尼切南桑波帝，

於此諸法之妙見，

།འདུས་པ་རྣམས་ལ་ཐེ་ཚོམ་མེད།

代巴南拉台措美，

是諸彙集不持疑，

།བྲམ་ཟེ་ཁྱི་དང་གདོལ་པ་ཡང་།

扎賽切當哆瓦央，

婆羅門狗旃陀羅，

།རང་བཞིན་གཅིག་ཏུ་དགོངས་ཏེ་རོལ།

讓音吉嘟貢帝若。

自性開許作幻化。

如是作答，由教授阿闍黎，即彼手印與俱。

།བདེ་བར་གཤེགས་པ་ཆོས་ཀྱི་སྐུ།

帝瓦歇巴切吉句，

善逝如來聖法身，

།འདོད་ཆགས་གསལ་སོགས་དྲི་མ་སྤངས་།

哆恰拉索智瑪榜，

愛染中聚垢浸漬，

།གཟུང་འཛིན་རྣམས་པར་བྲལ་བ་ཡི།

松增南巴扎瓦伊，

所持能持相遠離，

།དེ་བཞིན་ཉིད་ལ་བདག་ཕྱག་འཚལ།

帝音尼拉達夏擦！

即如是之我頂禮！

ཨོཾ། ཡེ་ཤེས་ལྷ་ལ་རྣམ་རྟོག་མི་མངའ་ཡང་།

唵！伊喜拉拉南朵莫厄央，

唵！智慧尊中而無分別心，

།དེ་འཁོར་བཀའ་ཡི་བསྲུང་མ་དམ་ཚིག་ཅན།

帝科噶伊松瑪達次堅，

轉化教言誓言護法者，

།ཐུགས་དང་འགལ་བར་གྱུར་ན་བཟོད་པར་གསོལ།

陀當噶瓦吉那索巴索，

轉化心和逆境堅忍祈，

།ཡུན་གྱི་སྒྲིབ་པ་མཆིས་ན་སྒྲིབ་པ་སྦྱོང་།

雲吉智巴其納智巴君，

長久障若存在則淨治，

།འཕྲལ་གྱི་རྐྱེན་གེགས་མཆིས་ན་རྐྱེན་ཀེགས་བཟློག།

擦吉金噶其那金噶哆，

傾刻若有逆緣即淨除，

།ཚངས་པ་མཆོག་གི་དངོས་གྲུབ་སྩལ་དུ་གསོལ།

倉巴卻格俄智作門索！

殊勝梵行祈賜與悉地！

如是無垢懺悔，事業相續內心而生：

讓央康，唵阿吽

།རང་བྱུང་ལྷུན་གྲུབ་ཙ་གསུམ་དམ་ཅན་ལ།

讓雄林智作松達堅拉，

自生任成三尊誓言護，

།དམིགས་མེད་ཚོགས་མཆོད་འབུལ་ལོ་འཁྲུལ་རྟོགས་བཤགས།

莫美措卻波洛赤哆夏，

空性會供惑分別懺悔，

།བདག་ལྟ་བདག་མེད་ཀློང་དུ་བསྒྲལ་བའི་བསྐང་།

達打達美隆嘟扎威岡，

我見無我悟境足救度，

།ལྷག་མགྲོན་གཏོར་མའི་བཟན་ནོ་འདོད་དགུ་སྒྲུབས།

拉鐘朵米俄努哆勾智。

餘客朵瑪供品九欲成。

咒：鄔資扎巴朗達卡嘿。

如是以伏藏所教，各種自我解脫，於會供第三分支，甘露流中。

ཨོཾ་ཨཱཿཧཱུྃ་ཧ་ཧོ་ཧྲཱིཿ

唵阿吽，哈火舍，

ཕཻཾ། དཀྱིལ་འཁོར་ཆེན་པོའི་མུ་རན་ལ་གནས་ཤིང་།

呸！吉科欽波莫仁拉內香，

呸！住於大壇城之周邊處，

།རྣལ་འབྱོར་དྲོད་ཉུལ་ལྷག་བསྡུད་ཕོ་ཉའི་ཚོགས།

那覺卓尼拉嘟頗娘措，

瑜伽實行余聚眾使者，

།འདོད་ཡོན་རོལ་བའི་ལྷག་གཏོར་འདི་བ་ཞེས་ལ།

哆雲若威拉朵帝伊拉，

妙欲幻化剩餘朵瑪中，

།བར་ཆད་རྐྱེན་བཟློག་བཅོལ་པའི་ལས་ཀུན་མཛོད།

哇恰金哆覺比列更佐。

道障逆緣一切業淨除。

咒：鄔資扎巴朗達卡嘿。（如是，將剩餘食子，送往諸潔淨之地。）

།རྒྱལ་བ་མཆོད་པས་མཉེས་གྱུར་ཅིག

嘉哇卻比尼吉幾，

唯願供養佛歡喜，

།དམ་ཅན་ཐུགས་དམ་སྐོང་གྱུར་ཅིག

達堅陀達貢吉幾！

唯願誓言護法足！

།རིགས་དྲུག་འདོད་པ་ཚིམ་གྱུར་ཅིག

仁智哆巴次吉幾！

唯願六趣所願足！

།བུ་ལོན་ལན་ཆགས་འཁོར་གྱུར་ཅིག།

波龍南恰科吉幾！

唯願宿孽得往生！

།བདག་གི་བསམ་པའི་སྟོབས་དག་དང་།

達格桑比哆達當！

我的心中一切力。

།དེ་བཞིན་གཤེགས་པའི་སྦྱིན་སྟོབས་དང་།

帝音歇比興哆當，

善逝如來聖施力，

།ཆོས་ཀྱི་དབྱིངས་ཀྱི་སྟོབས་རྣམས་ཀྱིས།

切吉央吉哆南吉，

法界是諸一切力，

།དོན་རྣམས་གང་དག་བསམ་པ་ཀུན།

冬南岡達桑巴更，

諸事隨一心清淨，

།དེ་དག་ཐམས་ཅད་ཅི་རིགས་པ།

帝達塔堅幾仁巴，

是諸一切依所宜，

།ཐོགས་པ་མེད་པར་འབྱུང་གྱུར་ཅིག།

妥巴美巴君吉幾！

唯願無掛礙生起！

幻化會供成就之況，由羯磨師彙集是諸飲品、食，於會供中，次地引導：

ཧོ། གསང་སྔགས་ཐབས་ཆེན་ལས་བྱུང་བའི།

火　桑厄塔欽列雄威，

火 從大密咒法生起，，

།བཟའ་བ་ཤ་དང་བཏུང་བ་ཆང་།

薩瓦夏當冬哇強，

肉食飲品青稞酒，

།དངོས་གྲུབ་སྒྲུབ་པའི་རྫས་སྣ་ཚོགས།

俄智知巴資那措，

修持成就諸資具，

།སྤངས་བླང་རེ་དོགས་བྲལ་བཞིན་རོལ།

榜朗惹哆扎音若，

離疑取捨而幻化，

།ཨ་ལ་ལ་སིདྡྷི་ཕ་ལ་ཧོ།

阿拉斯地帕拉火！

阿拉斯地帕拉火！

如是取中，其內燒施之法幻化者：

།རང་ལུས་ལྷར་གསལ་སྐུ་ཡི་ཕྱི་ནང་ཁྱོན།

讓列拉薩勾伊希朗窮，

現自性佛遍及身內外，

།རྩ་བརྒྱུད་བླ་མ་ཡི་དམ་ཞི་ཁྲོད་ང་།

乍吉喇嘛伊達希處當，

根本傳承上師靜猛尊，

།དཔའ་བོ་མཁའ་འགྲོ་ཏིལ་གྱི་གོང་བུ་བཞིན།

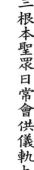

華烏卡卓帝吉貢吾音，

空行勇士猶如芝麻團，

།ཡོངས་སུ་གཏམས་པའི་ལྷ་ཚོགས་ཐམས་ཅད་ལ།

雲蘇達比拉措塔堅拉，

一切遍滿所有聖眾中，

།ཟག་མེད་བདུད་རྩིའི་མཆོད་པ་འདི་འབུལ་ལོ།

薩美嘟資去巴帝波洛，

呈獻無盡甘露大供養，

།བཞེས་ནས་སྐུ་གསུང་ཐུགས་ཡོན་དངོས་གྲུབ་སྩོལ།

伊內勾松陀雲俄智佐！

身語意受佈施賜悉地！

如是會供，幻化至終。

發誓願：

།ཕྱི་ནང་གསང་བའི་དཀྱིལ་འཁོར་དུ།

希朗桑威吉科當，

內外密咒壇城中，

།ཚོགས་ཀྱི་འཁོར་ལོ་བསྐོར་བ་ཡིས།

措吉科洛果瓦伊，

憑以會供輪環繞，

།བདག་གཞན་འགྲོ་བ་མ་ལུས་པ།

達言卓哇瑪列巴，

自他有情眾無餘，

།དཀྱིལ་འཁོར་གཅིག་ཏུ་འགྲུབ་པར་ཤོག།

吉科幾嘟智巴肖！

唯願一壇城成就！

接誦三根本護法後，接誦：

།རྩ་གསུམ་རབ་འབྱམས་དཀྱིལ་འཁོར་ལྷ་ཚོགས་ལ།

乍松惹嘉吉科拉措拉，

三尊壇城無邊聖眾中，

།ཚོགས་ཀྱི་འཁོར་ལོའི་མཆོད་སྤྲིན་ཕུལ་བའི་མཐུས།

措吉科洛卻貞波威陀，

會供輪之供雲威力呈，

།འཁོར་འདས་མགྲོན་རྣམས་དགྱེས་འཛུམ་འོད་ཟེར་འབར།

科帝鐘南吉資敖賽巴，

有寂諸客歡笑光芒照，

།སྐུ་གསུང་ཐུགས་ལས་འོད་དང་བདུད་རྩི་འབྱུང་།

勾松陀列敖當嘟資雄，

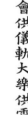

從身語意光芒生甘露，

།བདག་ཅག་ལུས་ངག་ཡིད་ལ་ཐིམ་པ་ཡིས།

達嘉列俄伊拉太巴伊，

憑此融入我等身語意，

།དབང་ཐོབ་སྒྲིབ་དག་རྟོགས་པ་མངོན་དུ་གྱུར།

旺妥智達哆巴俄門吉。

唯願自在淨障見證悟。

།འོག་མའི་མགྲོན་རྣམས་དགའ་མགུ་ཡི་རངས་ཏེ།

敖瑪鐘南噶勾伊讓帝，

下等諸客歡喜而悅意，

།ཀང་བཅོལ་འཕྲིན་ལས་མ་ལུས་ཐོགས་མེད་སྒྲུབས།

岡覺赤列瑪列妥美智，

託付事業無餘而無執，

།ཡེ་ཤེས་ལྷ་ཚོགས་འོད་ཞུ་རང་ལ་ཐིམ།

伊喜拉措敖秀讓拉太，

智慧聖眾光明融入己，

།འཇིག་རྟེན་པ་རྣམས་རང་རང་གནས་སུ་གཤེགས།

吉店巴南讓仁內蘇歇，

世間諸眾去往各自處，

།འདིས་མཚོན་དུས་གསུམ་བསགས་པའི་དགེ་བའི་མཐུས།

帝寸德松薩比格威太，

以此象徵三世積善力，

།ཚེ་འདིར་རིམ་གཉིས་རྣལ་འབྱོར་མཐར་ཕྱིན་ཏེ།

才帝仁尼那覺塔興帝，

今世二次第瑜伽究竟，

།འགྲོ་ཀུན་འཇིགས་རུང་སྲིད་པའི་རྒྱ་མཚོ་ལས།

卓更吉若詩比嘉措列，

於諸情眾怖畏輪迴海，

།སྒྲོལ་པའི་དེད་དཔོན་ཆེན་པོར་བདག་གྱུར་ཅིག།

卓威帝宏欽波達吉幾！

唯願我作救度大商主！

།ཕྱི་རུ་ཉན་ཐོས་བྱང་སེམས་སྤྱོད་པ་སྐྱོངས།

喜若寧梯香賽覺巴君，

於外聲聞菩薩行護佑，

།ནང་དུ་གསང་སྔགས་རིམ་གཉིས་རྣལ་འབྱོར་བརྩོན།

囊嘟桑厄仁尼那覺宗，

於內精進密咒二瑜伽，

།གསང་བ་འོད་གསལ་རྫོགས་ཆེན་དོན་ལ་སྤྱོད།

桑瓦敖薩佐欽冬拉覺，

於密行持光明大圓滿，

།ཨོ་རྒྱན་པད་མའི་བསྟན་དང་མཇལ་བར་ཤོག

鄔金貝瑪旦當嘉哇肖！

唯願得見鄔金蓮花主！

།ཕྱི་ལྟར་ལག་ལེན་འདུལ་བའི་ལུགས་སུ་སྤྱོད།

希達拉林鬥威勒蘇覺，

如外實修調伏義行持，

།ནང་ལྟར་གསང་སྔགས་ཐུན་མོང་ལུགས་སུ་སྤྱོད།

囊達桑厄同門勒蘇覺，

如內實修密咒共同義，

།གསང་བ་གསང་ཆེན་ཨ་ཏིའི་ལུགས་སུ་སྤྱོད།

桑厄欽波阿帝勒蘇覺，

如密實修密咒阿帝義，

།པད་འབྱུང་ཆོས་ལ་སྤྱོད་པའི་བཀྲ་ཤིས་ཤོག།

貝君切拉覺比扎西肖！

唯願修持蓮生法吉祥！

།བལྟས་པ་ཙམ་གྱིས་ཁམས་གསུམ་དབང་དུ་བསྡུད།

帝巴作吉卡松旺鬥嘟，

唯以徵兆三界集自在，

།བསྡིག་པ་ཙམ་གྱིས་སྡེ་བརྒྱད་བྲན་ལྟར་འཁོད།

帝巴作吉帝嘉占達科，

唯從罪惡八部做僕役，

།བསམ་པ་ཙམ་གྱིས་འདོད་དགུ་ཆར་ལྟར་འབེབས།

桑巴作吉哆勾恰達白，

唯從心思九欲如降雨，

།ཨོ་རྒྱན་བརྒྱུད་པར་བཅས་པའི་བཀྲ་ཤིས་ཤོག

鄔金吉巴吉威扎西肖！

唯願鄔金傳承現吉祥！

།རྒྱལ་ཀུན་ཐུགས་རྗེ་འཕྲིན་ལས་གཅིག་བསྡུས་པ།

嘉更陀吉赤列吉嘟巴，

諸佛悲憫事業皆彙集，

།སྙིགས་དུས་འགྲོ་བའི་སྐྱབས་མགོན་ཨོ་རྒྱན་རྗེའི།

尼帝卓威嘉貢鄔金傑，

濁世眾生依怙鄔金主，

།བསྟན་པ་ཕྱོགས་དུས་ཀུན་ཏུ་དར་ཞིང་རྒྱས།

旦巴肖帝更嘟達香吉，

佛教十方四時永昌盛，

།བར་ཆད་བདུད་ལས་རྒྱལ་བའི་བཀྲ་ཤིས་ཤོག

哇恰鬥列嘉威扎西肖！

除道障魔願佛子吉祥！

།ཆོས་ཀྱི་དབྱིངས་དང་མཉམ་པའི་སངས་རྒྱས་ལ།

切吉央當娘比桑傑拉，

法界共等虛空佛子中，

།བྱིན་རླབས་དངོས་གྲུབ་ཇི་སྙེད་ཡོད་པ་ཀུན།

興拉俄智吉尼優巴更，

加持成就盡一切證得，

།ནམ་མཁའི་མཐའ་དང་མཉམ་པའི་སེམས་ཅན་ལ།

南卡塔當娘比賽堅拉，

虛空盡頭平等有情中，

།དུས་ཀུས་རྟག་ཏུ་འབྱུང་བའི་བཀྲ་ཤིས་ཤོག

帝更達鬥君威扎西肖！

願一切時永久生吉祥！

།ཕྱོགས་བཅུའི་འཇིག་རྟེན་ཁམས་རྣམས་ཐམས་ཅད་ལ།

肖吉傑店卡南塔堅拉，

十方世界一切諸界中，

།ནད་ཡམས་མུ་གེ་འཐབ་རྩོད་མི་འབྱུང་ཞིང་།

那雅莫格塔佐莫君香，

瘟疫饑饉爭鬥不生起，

།ཆར་ཆུ་དུས་བབས་ལོ་ཕྱུགས་རྟག་ཏུ་ལེགས།

恰曲帝瓦洛秀達鬥拉，

風調雨順農牧業豐收，

།འགྲོ་ཀུན་བདེ་ཞིང་སྐྱིད་པའི་བཀྲ་ཤིས་ཤོག།

卓更帝香吉比扎西肖！

唯願情眾安樂常吉祥！

如是會供儀軌，僅為彙集，自他福德積集之緣，各種持明，自我解脫，九大聖地，紅蓮茁壯臍中，瑪尼灘寺樓頂寢室，日光聚集，於蛇年新月，而作是言，善哉！

公元二零零六年八月譯於天水市寧瑪精舍。

༄༅། །ཀློང་ཆེན་སྙིང་ཐིག་གི་སྔོན་འགྲོའི་ངག་འདོན་རྣམ་མཁྱེན་ལམ་བཟང་གསལ་བྱེད་བཅས་བཞུགས་སོ། །

大圓滿深慧心髓前行念誦顯示遍智妙道

（藏漢對照）

阿宗珠巴上師傳授

釋念慈義譯

劉兆麒音譯

༄༅། །མཧཱཧླཏུཏིལཀཤྲུསྭུཐཛགཏཾཔླརབཐཧྲིཔིཧློཾ

ཧྲཱཧྲཏྲཕྲགཏེཔིཧྲརཏིསྨཱ། །

༄༅། །ཀློང་ཆེན་སྙིང་ཐིག་གི་སྔོན་འགྲོའི་ངག་འདོན་རྣམ་མཁྱེན་ལམ་བཟང་གསལ་བྱེད་བཅས་བཞུགས་སོ།། །།

༄༅། །ན་མོ་གུ་རུ་བྷྱཿ དེ་ལ་འདིར་རྫོགས་པ་ཆེན་པོ་ཀློང་ཆེན་སྙིང་ཐིག་གི་སྔོན་འགྲོའི་རིམ་པ་རྒྱུན་དུ་ཇི་ལྟར་ཉམས་སུ་བླང་བའི་ཚུལ་ལ། ཐོག་མར་ཐོ་རངས་ལྡང་བའི་དུས་ལ་བབ་པ་ན།

མདུན་གྱི་ནམ་མཁར་རྩ་བའི་བླ་མ་ཨོ་རྒྱན་རྡོ་རྗེ་འཆང་གི་རྣམ་པ་ལ་འཁོར་དཔའ་བོ་དང་མཁའ་འགྲོའི་ཚོགས་ཀྱིས་བསྐོར་བ་ཀུན་གྱིས་ཕྱག་ན་ཌཱ་མ་རུ་བཀྲོལ་བའི་སྒྲ་སྒྲོགས་ཀྱི་གདངས་སུ་ བསྒྲགས་པས་བསྐུལ་ཏེ་གཉིད་ལས་སད་པར་བསམ་ཞིང་། རང་ཉི

ད་གཞི་ལུས་ཞིང་ཁམས་ཀྱི་བཀོད་པ་དང་བཅས་པ་གསལ་བཞིན་པའི་ངང་ནས་ལྡང་སྟེ། སྙིང་གའི་བླ་མ་དབུ་མའི་ལམ་ བརྒྱུད་སྤྱི་བོའི་སྟེང་གི་ནམ་མཁར་ཡེ་རེ་འཁྱིལ་ལེ་དགྱེས་བཞིན་དུ་བཞུགས་པར་བསམ་ལ། གཏི་མུག་གཉིད་སྒྲོགས་དབྱངས་དང་བཅས་ཏེ།

ན་མོ་གུ་རུ་ཧྲཱིཿ 南無咕茹白

大圓滿深慧心髓①前行次第日常修持之法者：

初黎明時，觀前方空中，現出根本上師鄔金大金剛持之相②，眾勇士空行周匝圍繞。彼等手搖小鼓，鼓聲自然成為咒音，催喚行者。行者於是甦醒。觀自身如本尊，住於佛刹，從中顯明而起，心間上師循中脈升至頂上空際，光輝旋繞，喜悅而住，以撼攪愚癡昏睡之妙音而訓曰：

།ཀྱེ་མ་ཀྱི་ཧུད་སྐལ་ལྡན་རིགས་ཀྱི་བུ།

嗟麻吉吼噶旦仁吉烏，

噫唏噫唏有緣之佛子，

།མ་རིག་གཏི་མུག་དབང་གིས་མ་ནོན་པར།

麻仁帝姆旺格瑪努巴，

勿為無明愚癡力所轉，

།བརྩོན་འགྲུས་ངར་བསྐྱེད་ད་ལྟ་ཡར་ལོངས་ལ།

宗哲俄吉達打雅龍拉，

生大精進即可今起身，

།ཐོག་མེད་དུས་ནས་ད་ལ་ཐུག་གི་བར།

妥梅德內達拉土格哇，

無始時來一至於今日，

།མ་རིག་དབང་གིས་ཉལ་ཡུན་དེས་ཆོག་གི།

麻仁旺格娘雲德卻格，

無明癡眠如久已足矣，

།ད་ནི་མ་ཉལ་སྒོ་གསུམ་དགེ་ལ་འབད།

達尼瑪娘果松格拉波，

現勿復睡三門③勤修善，

།སྐྱེ་ཀ་ན་འཆིའི་སྡུག་བསྔལ་མི་ཤེས་སམ།

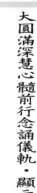

吉格納其帝俄莫希薩，

生老病死痛苦不知耶，

། དེ་རིང་ཙམ་ཡང་རྟག་པའི་གོ་སྐབས་མེད།

帝讓作央達比果迦美，

今日機緣亦不會常有，

། སྒྲུབ་ལ་བརྩོན་འགྲུས་བསྐྱེད་པའི་དུས་ལ་བབ།

智拉宗哲吉比帝拉哇！

精勤修持之時已降臨！

། ད་རེས་གཅིག་ཕུས་གཏན་བདེ་སྒྲུབ་དུས་འདིར།

達熱吉波旦帝智德帝，

今是唯一修習永樂時，

། སྙོམས་ལས་ངང་དུ་སྡོད་པའི་དུས་མ་ཡིན།

紐列昂嘟哆比帝瑪音，

非是懈怠放逸而住時，

། འཆི་བ་སེམས་ལ་སྒྲུབ་པ་མཐའ་རུ་སྐྱོལ།

其哇索拉智巴塔若交。

當念及死修行至究竟。

། ཚེ་ལ་ལོང་མེད་འཆི་རྐྱེན་བསམ་མི་ཁྱབ།

次拉龍美其金薩莫恰，

來日無多死緣難思量，

།དེ་ཚེ་མི་འཚེར་གདེངས་ཞིག་མ་ཐོབ་ན།

帝次莫才當希瑪妥納，

其時若未得不懼信念，

།སྐྱེས་བུ་ཁྱེད་ཉིད་གསོན་པས་ཅི་ཞིག་བྱུང་།

吉多切尼松比傑希若？

爾活在世尚有何意義?

།ཆོས་རྣམས་བདག་མེད་སྟོང་ཞིང་སྤྲོས་དང་བྲལ།

切南達美冬香遮當扎，

諸法無我空而離戲論，

།སྒྱུ་མ་སྨིག་རྒྱུ་རྨི་ལམ་གཟུགས་བརྙན་དང་།

吉瑪莫傑梅拉木絲娘當，

如幻如化如夢如陽焰，

།དྲི་ཟའི་གྲོང་ཁྱེར་བྲག་ཆ་ལྟ་བུར་སྒྲོད།

智薩仲切扎恰達烏覺，

如泡幻影如彼尋香城，

།ཆུ་ཟླ་ཆུ་བུར་མིག་ཡོར་སྤྲུལ་པ་སོགས།

曲達曲烏莫攸智巴索，

亦如水月谷響幻化等，

།ཞེས་བྱ་སྒྱུ་མའི་དཔེ་བཅུ་དེ་བཞིན་དུ།

希夏吉瑪惠吉帝音都，

幻境無實有似此十喻，

།འཁོར་འདས་ཆོས་རྣམས་དེ་ལྟར་ཤེས་པར་གྱིས།

科帝切南帝達希巴吉。

輪涅諸法如是當覺知。

ན་མོ་གུ་རུ་བྷྱཿ ན་མོ་དེ་ཝ་བྷྱཿ ན་མོ་ཌཱ་ཀི་ནི་བྷྱཿ ཞེས་བརྗོད།

誦：南無咕茹白　南無待瓦白　南無扎尼白。

དེ་ནས་ལུས་གནད་ལེགས་པར་བཅས་ཏེ་རླུང་རོ་དགུ་ཕྲུགས་སུ་བུས་ལ་ཙུང་ཟད་ངལ་གསོ་ཞིང་ཤེས་པ་རྣལ་དུ་ཕབ་པས་བསམ་གཏན་གྱི་སྟོད་དུ་ཙུང་བ་ན། དང་པོ་རླུང་བྱིན་གྱིས་བརླབ་པ་ནི་རང་བབས་སུ་སྐྱོད་དེ་ཧྲུབས་རླུང་སྒྲ་དང་ཁ་དོག་ཨོཾ་དཀར

་པོ། ནང་དུ་གནས་པའི་དུས་སྒྲ་དང་གཟུགས་ཨཱཿདམར་པོ། ཕྱིན་འབྱིན་དུས་སྒྲ་དང་ཧཱུྃ་སྔོན་པོའི་རྣམ་པ་སྟེ་འབྲུ་གསུམ་རྡོ་རྗེའི་བཟླས་པ་ཉི་ཤུ་རྩ་གཅིག་གམ་སྐབས་བསྟུན་བྱ། དེ་ནས་ངག་གིས་བརླབ་པ་ནི་ཞལ་ཤེས་ལྟར།

繼而行者身具要儀，九呼濁氣④已稍作休息，心識安適而住，成禪定器。初，加持氣者：自然鬆緩吸氣，觀其白色，誦「嗡」；氣內住時，紅色，誦「阿」；氣外呼時，色藍，誦「吽」。如此三字金剛誦⑤二十一遍或隨宜而修。次，加持語者，如教所云而觀：

ཨོཾ་ཨཱཿཧཱུྃ། །ལྕེ་དབང་རཾ་ཡིག་ལས་བྱུང་མེས་བསྲེགས་ནས།

嗡阿吽　吉旺讓伊列雄美舍內，

舌根རཾ「讓」字生火燃燒已，

།འོད་དམར་རྣམ་པའི་རྡོ་རྗེ་རྩེ་གསུམ་སྒྲུབས།

敖瑪南比多傑次松烏，

化成紅光三股金剛杵，

།ཨཱ་ལི་ཀཱ་ལིའི་མཐའ་སྐོར་རྟེན་འབྲེལ་སྙིང་།

阿裡嘎裡塔裡登遮寧，

杵孔中列似珠鬘字者，

།མུ་ཏིག་ཕྲེང་བ་ལྟ་བུའི་ཡིག་འབྲུ་ལས།

莫帝昌哇達烏伊智列，

阿哩嘎裡周圍緣起咒⑥，

།འོད་འཕྲོས་རྒྱལ་བ་སྲས་བཅས་མཆོད་པས་མཉེས།

敖處嘉哇舍吉卻比尼，

咒放光供諸佛菩薩喜，

།སླར་འདུས་ངག་སྒྲིབ་དག་ནས་གསུང་རྡོ་རྗེའི།

拉爾德俄智達內松多傑，

迴光觀想語障得清淨，

།བྱིན་རླབས་དངོས་གྲུབ་ཐམས་ཅད་ཐོབ་པར་བསམ།

興拉尼智塔嘉妥巴薩！

證語金剛加持諸悉地！

ཨ་ཨཱ། ཨི་ཨཱི། ཨུ་ཨཱུ། རྀ་རཱྀ། ལྀ་ལཱྀ། ཨེ་ཨཻ།
ཨོ་ཨཽ། ཨཾ་ཨཿ

阿阿 依依 悟悟 日日 哩哩 愛愛 哦哦 昂阿（七返）

ཀ་ཁ་ག་གྷ་ང། ཙ་ཚ་ཛ་ཛྷ་ཉ། ཊ་ཋ་ཌ་ཌྷ་ཎ། ཏ་ཐ་ད་དྷ་ན།

嘎卡嘎咖額阿 作察咱咋釀阿 吒岔眨渣拿阿

大榻打嗒那

པ་ཕ་བ་བྷ་མ། ཡ་ར་ལ་ཝ། ཤ་ཥ་ས་ཧ་ཀྵཿ

罷帕把巴麻 雅日阿拉瓦 夏卡薩哈洽

ཡེ་དྷརྨཱ་ཧེ་ཏུ་པྲ་བྷ་ཝཱ། ཧེ་ཏུནྟེ་ཥཱན་ཐཱ་ག་ཏོ། ཧྱ་ཝ་དཏ།

耶達爾瑪 嘿杜扎巏瓦 嘿噸待恰打塔噶墮 哈雅瓦待

ཏེ་ཥཱཉྩ་ཡོ་ནི་རོ་དྷ། ཨེ་ཝཾ་བཱ་དཱི། མ་ཧཱ་ཤྲ་མ་ཎ་ཡེ་སྭཱ་ཧཱ།

待恰扎月尼若達 愛旺把的 麻哈夏日阿麻那耶娑哈

（七返）

ལན་བདུན་དང་། དེ་ནས་རང་གཞུང་ལྟར།

復次，如本法云：

བླ་མ་མཁྱེན།

喇嘛欽！

上師知⑦！

ཞེས་ལན་གསུམ་གྱིས་གདུང་བ་དྲག་པོས།

呼三遍後，以極其誠摯之心誦：

།སྙིང་དབུས་དད་པའི་གེ་སར་བཞད་པ་ནས།

寧威達比格薩雅巴內，

心間信心蓮花蕊開敷，

།སྐྱབས་གཅིག་དྲིན་ཆེན་བླ་མ་ཡར་ལ་བཞེངས།

嘉吉貞欽喇嘛雅拉央，

唯一怙主恩師上升⑧起，

།ལས་དང་ཉོན་མོངས་དྲག་པོས་གཟིར་བ་ཡི།

列當紐門扎波絲哇伊，

於業煩惱猛利所逼者，

།སྐལ་བ་ངན་པ་བདག་ལ་སྐྱོབ་པའི་ཕྱིར།

嘎哇俄巴達拉覺比希，

福簿之我垂施救護故，

༄།སྤྱི་བོ་བདེ་ཆེན་འཁོར་ལོའི་རྒྱན་དུ་བཞུགས།

金烏帝欽科洛堅都秀，

請住頂上莊嚴大樂輪，

།དྲན་དང་ཤེས་བཞིན་ཀུན་ཀྱང་བཞེངས་སུ་གསོལ།

占當希音更江央蘇索。

以正知念祈請尊上升。

སྤྲོ་ན་བླ་མ་རྒྱང་འབོད་ནི།

若欲廣行，則高呼上師：

།གང་གི་དྲིན་གྱིས་བདེ་ཆེན་ཉིད།

岡格真吉帝欽尼，

使我生起大樂者，

།སྐད་ཅིག་ཉིད་ལ་འཆར་བ་གང་།

嘎吉尼拉恰哇岡，

仗尊恩德剎那間，

།བླ་མ་རིན་ཆེན་ལྟ་བུའི་སྐུ།

喇嘛仁欽達烏格，

有如大寶上師身，

།རྡོ་རྗེ་འཆང་ཞབས་པད་ལ་འདུད།

多傑強夏貝拉都！

金剛持足蓮前禮！

།བླ་མ་སངས་རྒྱས་བླ་མ་ཆོས།

喇嘛桑傑喇嘛切，

上師佛陀上師法，

།དེ་བཞིན་བླ་མ་དགེ་འདུན་ཏེ།

帝音喇嘛格登帝，

如是上師亦僧伽，

།ཀུན་གྱི་བྱེད་པོ་བླ་མ་ཡིན།

更吉希波喇嘛音，

佛法僧三悉上師，

།བླ་མའི་སྐུ་གསུང་ཐུགས་ལ་འདུད།

喇嘛格松陀拉都！

上師身語意前禮！

ཀུན་མཁྱེན་རང་གི་ཞལ་གསུངས།

下為遍智尊者語教：

།འདྲེན་པ་རྣམས་ཀྱིས་ཡོངས་སྤངས་ཤིང་།

占巴南吉雲榜香，

為諸導師所遺棄，

།ངན་འགྲོའི་གཡང་སར་ལྷུགས་པ་བདག།

俄卓央薩肖巴達，

漂流惡趣險地我，

།ཐར་པའི་ལམ་དང་རབ་སྦྱོར་པའི།

塔比拉木當讓卓比，

解脫道中妙合者，

།དེད་དཔོན་ཆེན་པོ་ཁྱོད་ལ་འདུད།

帝本欽波喬拉都！

大商主尊聖前禮！

།གནས་དང་གནས་མིན་མི་ཤེས་ཤིང་།

內當內門莫希香，

處與非處不知曉，

།ལམ་དང་ལམ་མིན་གྱི་ནར་འཁྱམས།

拉木當拉木門吉那纖，

長時徘徊道非道，

།མུན་པ་ལས་ཀྱང་མུན་ནག་ཅན།

門巴列江門納堅，

黑中之尤黑暗者，

།བདག་ལྟའི་སྒྲོན་མ་ཁྱོན་ལ་བསྟོད།

達打鐘瑪喬拉哆！

似我明燈尊前贊！

།གང་སྐུ་མཐོང་བས་སྣང་བ་འགྱུར།

岡格同威朗哇吉爾，

見尊身故覺受變，

།ཞི་བར་གཟིམས་པའི་སྙིགས་མས་ཀྱང་།

希哇省比尼米江，

即已入寂之餘屑，

།མཚམས་མེད་བྱང་ཞེས་མདོ་ལས་སོ།

叉美香希哆裡索，

經云亦消無間業。

༄༅། །རྒྱན་སྟུག་པོ་བཀོད་པ་ལས། འཇམ

་དབྱངས་ཕྱོགས་གང་ན་ཆོས་སྨྲ་བ་དེ་འདུག་གམ། དེའི་རུས་བུའམ། རོ་བེམ་པ་ཞིག་ཡོད་པ་མཐོང་ན་ཡང་མཚམས་མེད་པའི་ལས་ལྔ་རྣམ་པར་བྱང་བར་འགྱུར་རོ། །ཞེས་སོ།

《厚嚴經》云：文殊師利，於何方所，見有說法之人，或彼遺骨，或其屍骸，亦能清淨五無間業。

།འབྲེལ་ཚད་དོན་ལྡན་ཆེན་པོར་འདུད།

遮叉冬旦欽波都！

結緣有大利⑨前禮！

།ཁྱེད་གསུང་ཐོས་པས་བླང་དོར་ཤེས།

喬松特比朗哆爾希，

聞尊語故知取捨，

།ཉེས་སྤྱོད་ཆེན་པོའི་གཡང་ལས་སྐྱབས།

尼覺欽波央列覺，

惡行深淵得救護，

།འགོག་ལམ་བདེན་པའི་ངོ་བོ་ཉིད།

果拉木登比俄烏尼，

滅諦道諦之體性，

།ཐོས་གྲོལ་ཆེན་པོའི་དབྱངས་ལ་བསྟོད།

特卓欽波央拉哆。

聞即解脫音前贊。

།བདག་གིས་འབད་ཀྱང་མི་ཐར་བ།

達格巴江莫塔爾哇，

我雖勤修難解脫，

།ཁྱེད་ཐུགས་གདང་པས་ཡུད་ལ་སྨིན།

喬陀當比優拉閔，

尊垂念故頓成熟，

།མོས་གུས་ཐོབ་ན་རྟོགས་པ་འཆར།

米格妥納哆巴恰爾，

若具敬信得證悟，

།སྤྲོས་བྲལ་བསམ་མི་ཁྱབ་ལ་འདུད།

遮扎薩莫恰拉都。

離戲難量聖前禮。

།གྲངས་མེད་གསུམ་དུ་དཀའ་ཐུབ་ཀྱིས།

章美松都嘎土吉，

三無數中精進行，

།གདུངས་པས་དབང་པོ་ཚར་བཅད་ཀྱང་།

冬比旺波叉爾嘉江，

種種苦行調諸根，

།ཐོབ་པར་དཀའ་བའི་རྡོ་རྗེ་སེམས།

妥巴噶威多傑賽，

亦難證之金剛心，

།མ་ནོར་མངོན་སུམ་སྟོན་ལ་འདུད།

瑪努爾俄松冬拉都！

無謬直指師前禮！

བླ་མ་ཡང་ཏིག་ལས།

《上師精髓》中云：

།བླ་མ་སངས་རྒྱས་རིན་པོ་ཆེ།

喇嘛桑傑仁波切，

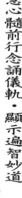

上師佛陀大珍寶，

།བདག་ལ་རེ་ས་གཞན་ན་མེད།

達拉熱薩燕那美，

我無其他希冀處，

།ཐུགས་རྗེའི་སྤྱན་གྱིས་གཟིགས་མཛོད་ལ།

陀吉見吉絲佐拉，

請上師悲眼顧視，

།འཁོར་བའི་མཚོ་ལས་བསྒྲལ་ཏུ་གསོལ།

科威措列扎都索，

度予出此輪迴海，

།ཚེ་འདིའི་ལེགས་པ་ཀུན་འགྲུབ་ཅིང་།

次德拉巴更智江，

此生諸善願悉成，

།བགེགས་དང་བར་ཆད་མེད་པ་དང་།

嘎當哇爾恰美巴當，

魔障法難皆無有，

།འཆི་ཁར་ཟབ་མོའི་འོད་གསལ་ཟིན།

其卡爾薩姆敖薩森，

死際識持深光明，

།བར་དོའི་འཕྲང་ལས་སྒྲོལ་བར་མཛོད།

哇爾哆昌列卓哇佐，

度我超脫中陰險，

།ལུས་དང་ངག་ཡིད་རྩོམ་པ་ཀུན།

列當俄伊佐巴更，

身語意三一切行，

།རྟག་ཏུ་གཞན་ལ་ཕན་པ་དང་།

達都燕拉帕巴當，

永遠饒益於他者，

།རྐྱེན་རྣམས་བྱང་ཆུབ་ལམ་མཆོག་ཏུ།

金南香琪拉木卻都，

今從今日善惡緣，

།དེ་རིང་ཉིད་ནས་བསྒྱུར་དུ་གསོལ།

帝讓尼內吉爾都索，

轉為殊勝菩提道，

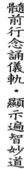

།བདག་གིས་འབད་ཀྱང་ཐར་བར་དཀའ།

達格巴江塔哇爾迦，

我雖精進難渡故

།མགོན་པོ་ཁྱེད་ཀྱི་ཐུགས་རྗེའི་གྲུས།

貢波切吉陀吉智，

怙主尊之大悲舟，

།མགོན་མེད་བདག་དང་འགྲོ་བ་ཀུན།

貢美達當卓哇更，

請載無怙我等眾，

།ཐར་པའི་གླིང་དུ་ཕྱིན་པར་མཛོད།

塔爾比林都興巴佐，

令登解脫洲彼岸，

།གང་དག་བདག་ལ་དད་གྱུར་ཏམ།

岡達打拉達吉爾達，

無論是誰或敬我，

།སྨོད་དམ་སྐུར་པ་འདེབས་ཀྱང་རུང་།

姆達格爾巴帝江若，

或慢或譏任何作，

།དེ་དག་སྡིག་ཟད་ཉོན་མོངས་མེད།

帝達都薩紐門美

原彼罪空煩惱盡，

།སྲིད་པའི་ཆུ་བོ་སྐྱོང་བར་ཤོག།

詩比曲烏榜哇爾肖！

三有愛河永枯竭！

།ནམ་ཞིག་བདག་གི་མིང་ཙམ་གྱིས།

南希達格芒乍吉，

隨時原僅以我名，

།འགྲོ་བའི་འདོད་དགུ་རབ་འགྲུབ་ཅིང་།

卓威哆格熱智江，

圓滿眾生諸欲求，

།ཕྱོགས་བཅུ་གང་པའི་ཞིང་རྣམས་སུ།

肖吉岡比希南蘇，

充滿十方國土中，

།མཆོད་པའི་སྤྲིན་གྱི་ཆར་འབེབས་ཤོག།

卻比真吉恰爾巴肖！

供養雲雨普施降！

།དགེ་བ་འདི་ཡིས་ལུས་ཅན་ཀུན།

格哇帝伊列堅更，

祈願憑藉此善行，

།ཐམས་ཅད་སྲིད་ལས་རྣམ་གྲོལ་ནས།

塔堅詩列南卓內，

俾令一切具身者⑪，

།ཡེ་ཤེས་དམ་པ་གཉིས་ཐོབ་སྟེ།

伊希達巴尼妥帝，

超脫三有證二智，

།དོན་གཉིས་ལྷུན་གྱིས་གྲུབ་པར་མཛོད།

冬尼林吉智巴爾佐。

二利⑫任運得成就。

།ཅེས་སྙིང་ཁུང་རུས་པའི་གཏིང་ནས་གདུང་ཤུགས་དྲག་པོས་ཚིག་རྗེས་དོན་དྲན་གྱིས་གསོལ་འདེབས་བྱས་རྗེས།

如是從內心深處以極殷切至誠之情，隨文思義而作祈請。

༄༅། སྔོན་འགྲོ་དངོས་ལ་ཐུན་མོང་དང་། ཐུན་མོང་མ་ཡིན་པའི་སྔོན་འགྲོ་གཉིས་ཀྱི།

དང་པོ་ལའང་དམིགས་སྐོར་དྲུག་ལས། དེ་ཐམས་ཅད་དཀྱུས་གཅིག་ཏུ་ཉམས་སུ་བླངས་བ་ལ་འདི་ལྟར་བསམ་པར་བྱ་སྟེ། དེ་ཡང་མི་ཁོམ་པ་བརྒྱད་ཀྱི་ལྡོག་ཆ་དལ་བ་བརྒྱད་དང་། འཕྲུལ་རིས་ཀྱི་མི་ཁོམ་པ་བརྒྱད་བརྒྱད་དེ་དལ་བའི་རང་བཞིན་ཆོས་ཉི་ཤུ་རྩ་བཞི། ཁྱད་པར་གྱི་འབྱོར་བ་བཅུ་སྟེ། དལ་འབྱོར་གྱི་རང་བཞིན་ཆོས་སུམ་ཅུ་རྩ་བཞི་འདི་ནི་རྒྱུ་དང་། དཔེ་དང་། གྲངས་སོགས་གང་གི་སྒོ་ནས་བསམས་ཀྱང་ཤིན་ཏུ་རྙེད་པར་དཀའ་བ་ཨུ་དུམ་ཝ་རའི་མེ་ཏོག་ལྟར། ལོ་ཟླའམ་ཚེ་འདིར་སངས་རྒྱས་ཀྱི་གོ་འཕང་ཐོབ་བྱེད་ཀྱི་རྟེན་འདི་ལྟ་བུ་རྙེད་པ་ནི་དངོས་སམ། རྨི་ལམ་ཡིན་ནམ་སྙམ་པ་འདི་ལྟ

ར་ཉིད་དུ་ཟིན་ནའང་། ཕྱི་སྣོད་ཀྱི་འཇིག་རྟེན་སྲ་ཞིང་འཐས་པ་ལྷར་སྣང་བ་རྣམས་ཀྱང་མཐར་མེ་བདུན་དང་ཆུ་གཅིག་གིས་འཇིག ནང་བཅུད་ཀྱི་སེམས་ཅན་ཐམས་ཅད་ཀྱང་སྐྱེས་པའི་ཚེ་ན་ཐལ་བ་ཙམ་ཡང་ལུས་པར་མི་འགྱུར་ནས་ཚེ་ཐར་དུ་སོང་བ་གཅིག་ཀྱང་མེད་པས་རང་ཉིད་ཀྱང་ངེས་པར་འཆི་བར་མ་ཟད། དོ་ནུབ་ཙམ་ཡང་མི་འཆི་བའི་གདིང་ནི་མེད། འཆི་བའི་ཚེ་ཆོས་རྣམ་དག་པོ་ན་མ་གཏོགས་གཞན་གང་གིས་ཀྱང་མི་ཕན། ཚེ་འདིའི་དགེ་སྡིག་གི་ལས་འབའ་ཞིག་གི་རྗེས་སུ་འབྲངས་ཏེ། སྡིག་པའི་ལས་ཀྱིས་ངན་སོང་གསུམ་དུ་སྐྱེས་ནས་སྡུག་བསྔལ་གྱི་སྡུག་བསྔལ་བཟོད་བླགས་མེད་ཅིང་། ཟག་བཅས་ཀྱི་དགེ་བས་མཐོ་རིས་གསུམ་དུ་སྐྱེས་ཀྱང་སྡུག་བསྔལ་དང་། ཁྱབ་པ་འདུ་བྱེད་ཀྱི་སྡུག་བསྔ

ལ་ཁོ་ན་ལས་མ་འདས་པས།   ད་རེས་འཁོར་བ་སྡུ
ག་བསྔལ་གྱི་རྒྱ་མཚོ་ཆེན་པོ་འདི་ལས་ཅི་ནས་ཀྱང་ཐ
ར་བ་ཞིག་བྱ་དགོས།   དེའི་ཆེད་དུ་དགེ་བའི་བཤེས
་གཉེན་མཚན་ཉིད་དང་ལྡན་པ་མཉེས་པ་གསུམ་གྱི
་སྒོ་ནས་བསྟེན་ཅིང་།   བླང་དོར་གྱི་གནས་ཇི་སྐད
་གསུངས་པའི་དོན་རྣམས་ཕྱིས་དང་སྡིག་པའི་གྲོག
ས་པོའི་གཞན་དབང་དུ་མ་སོང་བར་ལག་ལེན་དུ་ཐེ
བས་ངེས་པའི་འཆི་ ཆོས་གཤའ་མ་ཞིག་ཉིན་ཞག་རེ
་རེའི་ཁོངས་སུའང་ཅི་ནུས་ཀྱིས་བསྒྲུབ་པར་བགྱིའོ
་སྙམ་པ་དང་།   དེ་ལྟར་སྒྲུབ་ནུས་པར་བླ་མ་དང
་དཀོན་མཆོག་མཁྱེན་སྙམ་པའི་དད་པ་དང་།   ངེ
ས་འབྱུང་གི་ ཤུགས་དྲག་ཏུ་བསྐྱེད་དེ་བློ་རྒྱུད་འཁྱུལ
་ངེས་སུ་ཚིག་རྗེས་དོན་དྲན་གྱིས།

正式前行

有二：共同前行，不共前行。

初，共同前行

六類所緣⑬總匯成一而修持者，當如是作意：

八無暇之反面八有暇；暫起八無暇及心絕八無暇之反面二八為十六有暇，如果有暇共為廿四，加上特別十圓滿，暇滿之法總為三十四。無論從因、喻、數等處，任如何思維，如是暇滿之法，皆極難得，有如鄔曇羅之花。現既獲得能於此生，或僅年月即證佛地之所依者——色身，究為真耶？夢耶？當諦實觀之。雖如是獲得，然而，外器世界，貌若堅硬，及至七火一水破壞之劫，縱僅微塵，亦不餘留；內情眾生，生而不死者，亙古曾未見有一例。自亦絕死無貸，即於今晚不死之把握亦無有也。死際除非清淨佛法，其他一無所益，唯隨此生所造善惡諸業而行。惡業投生三惡趣處，受彼難以忍耐之苦中之苦；有漏善者，雖生三善道中，亦不能超越壞苦及普遍行苦。故今無論如何，亦需從此輪迴痛苦大海中求得解脫。為此，當以三歡喜門⑭而依止具德知識，凡所教誡，取捨之處，不生疑難，不為惡友左右。每日盡力行持，認真思維決定當死之理。

於上師三寶前，我之身口意及一切福德受用善根等，完全交付，無餘供奉，以決定皈依故，上師三寶遍知，自會隨機加持，俾令我之一切願行皆獲成就，如是思維、祈禱而生決定信心。復於生死輪迴生起猛利出離心，決定調服自心，而於下諸偈隨文思義以誦之：

思暇滿難得：

།ད་རེས་དམྱལ་བ་ཡི་དྭགས་དུད་འགྲོ་དང་།

達熱娘爾哇伊達都卓當，

地獄餓鬼畜生長壽天，

།ཚེ་རིང་ལྷ་དང་ཀླ་ཀློ་ལོག་ལྟ་ཅན།

次仁拉當拉洛洛達堅，

具諸邪見邊地蔑栗車，

།སངས་རྒྱས་མ་བྱོན་ཞིང་དང་ལྐུགས་པ་སྟེ།

桑傑瑪興香當勾巴帝，

無佛出世盲聾喑啞等，

།མི་ཁོམ་བརྒྱད་ལས་ཐར་པའི་དལ་བ་ཐོབ།

莫科嘉列塔爾比達哇妥，

離八無暇⑮今悉得暇滿，

།མིར་གྱུར་དབང་པོ་ཚང་དང་ཡུལ་དབུས་སྐྱེས།

莫吉爾旺波倉當優威吉，

諸根具足為人生中土，

།ལས་མཐའ་མ་ལོག་བསྟན་ལ་དད་པ་སྟེ།

列塔瑪洛旦拉達巴帝，

未犯無間信教五自圓⑯，

།རང་ཉིད་འབྱོར་པ་ལྔ་ཚང་སངས་རྒྱས་བྱོན།

讓尼覺爾巴俄倉桑傑興，

值佛出世說法教住世，

།ཆོས་གསུངས་བསྟན་པ་གནས་དང་དེ་ལ་ཞུགས།

切松旦巴內當帝拉秀，

善師攝受入佛清淨道，

།བཤེས་གཉེན་དམ་པས་ཟིན་དང་གཞན་འབྱོར་ལྔ།

希寧達比省當燕覺尼，

五自圓上五種他圓滿⑰，

།ཐམས་ཅད་རང་ལ་ཚང་བའི་གནས་ཐོབ་ཀྱང་།

塔堅讓拉倉威內妥江，

十圓滿法我已圓滿具，

།རྐྱེན་མང་ངེས་པ་མེད་པའི་ཚེ་སྤངས་ནས།

金芒厄巴美比次榜內，

然而眾緣無定捨壽後，

།འཇིག་རྟེན་ཕ་རོལ་ཉིད་དུ་སོན་པར་འགྱུར།

吉登帕若尼都松巴爾吉，

即得趣往陌生他世間，

།བློ་སྣ་ཆོས་ལ་སྒྱུར་ཅིག་གུ་རུ་མཁྱེན།

洛納切拉吉幾格惹欽，

願轉心念向法蓮師知，

།ལམ་གོལ་དམན་པར་མ་གཏོང་ཀུན་མཁྱེན་རྗེ།

拉木果曼巴爾瑪冬更欽吉，

不置卑劣謬道⑱遍智知，

།གཉིས་སུ་མེད་དོན་དྲིན་ཆེན་བླ་མ་མཁྱེན།

尼蘇美哆貞欽喇嘛欽。

示無二義大恩上師知。

རྒྱུའི་སྒོ་ནས་རྙེད་དཀའ་མཚན

從因門思難得：

།ད་རེས་དལ་རྟེན་དོན་ཡོད་མ་བྱས་ན།

達熱達旦冬優瑪希納，

現前有暇若不作有義，

།ཕྱི་ནས་ཐར་པ་བསྒྲུབ་པའི་རྟེན་མི་རྙེད།

希內塔爾巴智比登莫寧。

今後難得此修解脫身。

དཔེ་ཡི་སྒོ་ནས་མཚན

從喻門思難得：

།བདེ་འགྲོའི་རྟེན་ལ་བསོད་ནམས་ཟད་གྱུར་ན།

帝卓登拉索南薩吉納，

上三善道福祿報盡時，

།ཤི་བའི་འོག་ཏུ་ངན་སོང་ངན་འགྲོར་འཁྱམས།

希威敖都厄松厄卓恰，

捨壽即得漂淪下惡趣，

དགེ་སྡིག་མི་ཤེས་ཆོས་ཀྱི་སྒྲ་མི་ཐོས།

格德莫希切吉扎莫特，

善惡不分不聞妙法音，

།དགེ་བའི་བཤེས་དང་མི་མཇལ་མཚང་རེ་ཆེ།

格威希當莫嘉倉熱切。

孽重不見善士大悔恨。

གྲངས་ཀྱི་སྒོ་ནས་མཚན

從數門思難得：

།སེམས་ཅན་ཙམ་གྱི་གྲངས་དང་རིམ་པ་ལ།

賽堅乍吉章當仁巴拉，

但於有情數之與次第，

།བསམས་ན་མི་ལུས་ཐོབ་པ་སྲིད་མཐའ་ཙམ།

薩納莫列妥巴詩塔乍，

觀得人身了了無有幾，

།མི་ཡང་ཆོས་མེད་སྡིག་ལ་སྤྱོད་མཐོང་ན།

莫央切美德拉覺同納，

得亦行惡不入正道法，

།ཆོས་བཞིན་སྒྲོད་པ་ཉིན་མོའི་སྐར་མ་ཙམ།

切音覺巴寧姆嘎爾瑪乍，

如法修習寥若晨晝星，

།བློ་སྣ་ཆོས་ལ་སྒྱུར་ཅིག་གུ་རུ་མཁྱེན།

洛納切拉吉爾幾格惹欽！

願轉心念向法蓮師知！

།ལམ་གོལ་དམན་པར་མ་གཏོང་ཀུན་མཁྱེན་རྗེ།

拉木果曼巴爾瑪冬更欽吉！

不置卑劣謬道遍智知！

།གཉིས་སུ་མེད་དོན་དྲིན་ཆེན་བླ་མ་མཁྱེན།

尼蘇美哆貞欽喇嘛欽！

示無二義大恩上師知！

འཕྲུལ་བྱུང་བརྒྱད་ནི་མཆན

暫起八無暇：

།གལ་ཏེ་མི་ལུས་རིན་ཆེན་གླིང་ཕྱིན་ཡང་།

嘎帝莫列仁欽林興央，

倘若已登人道大寶洲，

།ལུས་རྟེན་བཟང་ལ་བྱུར་པོ་ཆེ་ཡི་སེམས།

列旦桑拉秀爾波切伊賽，

妙暇依中卻藏禍毒心，

།ཐར་པ་བསྒྲུབ་པའི་རྟེན་དུ་མི་རུང་ཞིང་།

塔爾巴智比登都莫若香，

便成不宜修行解脫身，

།ཁྱད་པར་བདུད་ཀྱིས་ཟིན་དང་དུག་ལྔ་འཁྲུགས།

恰巴爾都吉省當都厄赤，

特別魔持五毒作騷擾，

།ལས་ངན་ཐོག་ཏུ་བབས་དང་ལེ་ལོས་གཡེངས།

列厄妥都哇當裡列央，

隨順惡行銑懈怠散逸，

།གཞན་བོལ་བྲན་གཡོག་འཇིགས་སྐྱབ་ཆོས་ལྟར་བཅོས།

燕科占優吉覺切達爾吉，

作投奴僕無權修佛法，

།རྨོངས་སོགས་འཕྲལ་བྱུང་རྐྱེན་གྱི་མི་ཁོམ་བརྒྱད།

門索叉雄金吉莫科嘉，

癡等暫緣所起八無暇⑲，

།བདག་ལ་ཆོས་ཀྱི་འགལ་རྐྱེན་ལྷགས་པའི་ཚེ།

達拉切吉嘎達爾拉比次，

法之仇敵與我相遇時，

།བློ་སྣ་ཆོས་ལ་སྒྱུར་ཅིག་གུ་རུ་མཁྱེན།

洛納切拉吉爾幾格惹欽！

願轉心念向法蓮師知！

།ལམ་གོལ་དམན་པར་མ་གཏོང་ཀུན་མཁྱེན་རྗེ།

拉木果曼巴爾瑪冬更欽吉！

不置卑劣謬道遍智知！

།གཉིས་སུ་མེད་དོན་དྲིན་ཆེན་བླ་མ་མཁྱེན།

尼蘇美哆貞欽喇嘛欽！

示無二義大恩上師知！

རིས་ཆད་བརྒྱད་ནི་མཆན་

心覺八無暇：

།སྐྱོ་ཤས་ཆུང་ཞིང་དད་པའི་ནོར་དང་བྲལ།

覺希窮香達比努爾當扎，

厭離心弱不具足信財，

།འདོད་སྲེད་ཞགས་པས་བཅིངས་དང་ཀུན་སྤྱོད་རྩུབ།

哆舍夏比江當更覺資，

貪欲繩索纏縛現行粗，

།མི་དགེ་སྡིག་ལ་མི་འཛེམ་ལས་མཐའ་ལོག།

莫格帝拉莫資列塔洛，

於惡不善無漸犯無間，

།སྡོམ་པ་ཉམས་ཤིང་དམ་ཚིག་རལ་བ་སྟེ།

哆巴娘香達次熱哇帝，

戒律敗壞三昧耶毀失，

།རིས་ཆད་བློ་ཡི་མི་ཁོམ་རྣམ་པར་བརྒྱད།

熱恰洛伊莫科南巴爾嘉，

如是心絕法緣八無暇⑳，

།བདག་ལ་ཆོས་ཀྱི་འགལ་རྐྱེན་ལྷགས་པའི་ཚེ།

達拉切吉嘎達爾拉比次，

法之仇敵與我相遇時，

།བློ་ན་ཆོས་ལ་སྒྱུར་ཅིག་གུ་རུ་མཁྱེན།

洛納切拉吉爾幾格惹欽！

願轉心念向法蓮師知！

།ལམ་གོལ་དམན་པར་མ་གཏོང་ཀུན་མཁྱེན་རྗེ།

拉木果曼巴爾瑪冬更欽吉！

不置卑劣謬道遍智知！

།གཉིས་སུ་མེད་དོ་དྲིན་ཆེན་བླ་མ་མཁྱེན།

尼蘇美哆貞欽喇嘛欽！

示無二義大恩上師知！

འདུས་བྱས་མི་རྟག་པ་ནི་མཆན

思有為無常：

།ད་ལྟ་ནད་དང་སྡུག་བསྔལ་གྱིས་མ་གཟིར།

達打那當都俄吉瑪絲爾，

現前病及諸苦未逼惱，

།བྲན་ཁོལ་ལ་སོགས་གཞན་དབང་མ་གྱུར་པའི།

占科拉索燕旺瑪吉威，

亦非身不由己奴僕等，

།རང་དབང་ཐོབ་པའི་རྟེན་འབྲེལ་འགྲིག་དུས་འདིར།

讓旺妥比等遮智德都爾，

若得自在緣起合會時，

།སྙོམ་ལས་ངང་དུ་དལ་འབྱོར་ཆུད་གསོན་ན།

娘列俄都達覺曲松納，

逸怠之中糟蹋暇圓滿，

།འཁོར་དང་ལོངས་སྤྱོད་ཉེ་དུ་འབྲེལ་བ་ལྟ།

科當龍覺尼都遮哇達，

莫說眷屬財富受用者，

།ལྟ་ཅི་གཅེས་པར་བཟུང་བའི་ལུས་འདི་ཡང་།

達吉幾巴爾松威列德央，

即此珍愛所執之色身，

།མལ་གྱི་ནང་ནས་ས་ཕྱོགས་སྟོང་པར་བསྐྱལ།

瑪吉朗內薩肖冬巴爾嘉，

亦當離家被棄曠野地，

།ཝ་དང་བྱ་རྒོད་ཁྱི་ཡིས་འདྲུད་པའི་དུས།

哇當夏果其伊扎比德，

野干狐鷲咀嚼撕食際，

།བར་དོའི་ཡུལ་ན་འཇིགས་པ་ཤིན་ཏུ་ཆེ།

哇爾哆攸納吉巴恒都切，

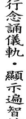

魂蕩中陰恐怖極巨大，

།བློ་སྣ་ཆོས་ལ་སྒྱུར་ཅིག་གུ་རུ་མཁྱེན།

洛納切拉吉爾幾格惹欽！

願轉心念向法蓮師知！

།ལམ་གོལ་དམན་པར་མ་གཏོང་ཀུན་མཁྱེན་རྗེ།

拉木果曼巴爾瑪冬更欽吉！

不置卑劣謬道遍智知！

།གཉིས་སུ་མེད་དོ་དྲིན་ཆེན་བླ་མ་མཁྱེན།

尼蘇美哆貞欽喇嘛欽！

示無二義大恩上師知！

思業果不爽與輪迴是苦：

།དགེ་སྡིག་ལས་ཀྱི་རྣམ་སྨིན་ཕྱི་བཞིན་འབྲང་།

格德列吉南閔希音章，

善惡業報異熟緊後隨，

།ཁྱད་པར་དམྱལ་བའི་འཇིག་རྟེན་ཉིད་སོན་ན།

恰巴爾娘威吉登尼松納，

尤其若墜地獄世間中，

།ལྕགས་བསྲེགས་ས་གཞིར་མཚོན་གྱིས་མགོ་ལུས་འདྲལ།

嘉舍薩伊寸吉果列扎，

熱鐵地上兵刃碎身首，

།སོག་ལེས་གཤོག་དང་ཐོ་ལུམ་འབར་བས་འཆེར།

索列肖當妥勒巴爾威次，

鋸子解肢火燃鐵錘砸，

།སྒོ་མེད་ལྕགས་ཁྱིམ་འཐུམས་པར་ཨོ་དོད་འབོད།

果美嘉切妥巴爾敖哆波，

無門鐵室裹封大嚎哭，

།འབར་བའི་གསལ་ཤིང་གིས་འབུགས་ཁྲོ་ཆུར་འཚོད།

巴爾威薩香格波楚曲爾措，

焰熾刑戟貫身烊銅煮，

།ཀུན་ནས་ཚ་བའི་མེས་བསྲེགས་བརྒྱད་ཚན་གཅིག།

更內叉威米舍嘉參吉，

遍處火焚燃燒八熱獄，

།གངས་རི་སྟུག་པོའི་འདབས་དང་ཆུ་འཁྱགས་ཀྱི།

岡惹都波達當曲恰吉，

厚雪山邊冰凍峽谷間，

།གཙོང་རོང་ཡ་ངའི་གནས་སུ་བུ་ཡུག་སྒྲེགས།

君若雅俄內蘇烏優遮，

可怖境處暴風雪凜冽，

།གྲང་རེག་རླུང་གིས་བདབས་པའི་ལང་ཚོ་ཉི།

章熱龍格達比朗措尼，

刺骨寒風咆哮損容顏，

།ཆུ་བུར་ཅན་དང་ལྷག་པར་རྡོལ་བ་ཅན།

曲烏爾堅當拉巴爾哆哇堅，

皮膚起皰冷氣吹皰裂，

།སྨྲེ་ངག་རྒྱུན་མི་ཆད་པར་འདོན་པ་ཡང་།

米俄金莫恰巴爾冬巴央，

淒慘呻吟悲嚎聲不絕，

།ཚོར་བའི་སྡུག་བསྔལ་བཟྙག་པར་དཀའ་བ་ཡིས།

措爾威都俄納巴爾嘎哇伊，

領受地獄難忍之痛苦，

།ཟུངས་ཀྱིས་རབ་བཏང་འཆི་ཁའི་ནད་པ་བཞིན།

松吉熱當其卡納巴音，

精神耗散有似死時病，

།ཤུགས་རིང་འདོན་ཅིང་སོ་འཐམ་པགས་པ་འགས།

秀讓冬江索塔巴巴格，

長籲太息齒顫肌膚破，

།ཤའུ་ཐོན་ནས་ལྷག་པར་འགས་ཏེ་བརྒྱད།

秀同內拉巴爾格帝嘉，

肉潰分裂如蓮八寒獄，

།དེ་བཞིན་སྤུ་གྲིའི་ཐང་ལ་རྐང་པ་གཤོག།

帝音波智唐拉岡巴肖，

復次鋒刃道路刺雙足，

།རལ་གྲིའི་ཚལ་དུ་ལུས་ལ་བཅད་གཏུབས་བྱེད།

熱智叉都列拉嘉都希，

利劍林園斷切獄囚身，

།རོ་མྱགས་འདམ་ཚུད་ཐལ་ཚན་རབ་མེད་ཀློང་།

若娘達次塔參熱美龍，

驅人屍糞熗煨無極河，

།མནར་བའི་ཉེ་འཁོར་བ་དང་འགྱུར་བ་ཅན།

納爾威尼科哇當吉哇堅，

沉淪苦逼此乃近邊獄，

།སྒོ་དང་ཀ་བ་ཐབ་དང་ཐག་པ་སོགས།

果當嘎哇塔當塔巴索，

苦樂時變附門柱等魂，

།རྟག་ཏུ་བཀོལ་ཞིང་སྤྱོད་པའི་ཉི་ཚེ་བ།

達都果香覺比尼次哇，

常被役使奴用孤獨獄㉑，

།རྣམ་གྲངས་བཅོ་བརྒྱད་གང་ལས་འབྱུང་བའི་རྒྱུ།

南章覺嘉岡列君威吉？

十八地獄生起因為何?

།ཞེ་སྡང་དྲག་པོའི་ཀུན་སློང་སྐྱེས་པའི་ཚེ།

希當扎波更龍吉比次，

乃為瞋恚我起瞋恚時，

།བློ་སྣ་ཆོས་ལ་སྒྱུར་ཅིག་གུ་རུ་མཁྱེན།

洛納切拉吉爾幾格惹欽！

願轉心念向法蓮師知！

།ལམ་གོལ་དམན་པར་མ་གཏོང་ཀུན་མཁྱེན་རྗེ།

拉木果曼巴爾瑪冬更欽吉！

不置卑劣謬道遍智知！

།གཉིས་སུ་མེད་དོན་དྲིན་ཆེན་བླ་མ་མཁྱེན།

尼蘇美哆貞欽喇嘛欽！

示無二義大恩上師知！

།དེ་བཞིན་ཕོངས་ལ་ཉམས་མི་དགའ་བའི་ཡུལ།

帝音旁拉娘莫嘎威優，

復次貧匱有無歡喜處，

།བཟང་བཏུང་ལོངས་སྤྱོད་མིང་ཡང་མི་གྲག་པར།

薩冬龍覺芒央莫扎巴爾，

飲食受用名字亦不聞，

།ཟས་སྐོམ་ལོ་ཟླར་མི་རྙེད་ཡི་དྭགས་ལུས།

塞果洛達爾莫尼伊達列，

經年累月忍饑餓鬼身，

།རིད་ཅིང་ལྡང་བའི་སྟོབས་ཉམས་རྣམ་པ་གསུམ།

熱江當威哆娘南巴松，

無力立起憔悴具三苦㉒，

།གང་ལས་འབྱུང་བའི་རྒྱུ་ནི་སེར་སྣ་ཡིན།

剛烈君威吉尼賽爾那音，

斯報業因乃為慳吝貪，

།གཅིག་ལ་གཅིག་ཟ་གསོད་པའི་འཇིགས་པ་ཆེ།

吉拉吉薩索比吉巴切，

相互廝殺吞噬極惶恐，

།བཀོལ་ཞིང་སྤྱོད་པས་ཉམས་ཐག་བླང་དོར་རྨོངས།

果香覺比娘塔朗哆爾門，

為人役使疲累昧取捨，

།ཕ་མཐའ་མེད་པའི་སྡུག་བསྔལ་གྱིས་གཟིར་བའི།

帕塔美比都俄吉絲爾威，

逼迫承受無邊悽楚種，

།ས་བོན་གཏི་མུག་མུན་པར་འཁྱམས་པ་བདག

薩文德姆門巴爾恰巴達，

乃為癡暗流浪癡暗我，

།བློ་སྣ་ཆོས་ལ་སྒྱུར་ཅིག་གུ་རུ་མཁྱེན།

洛納切拉吉爾幾格惹欽！

願轉心念向法蓮師知！

།ལམ་གོལ་དམན་པར་མ་གཏོང་ཀུན་མཁྱེན་རྗེ།

拉木果曼巴爾瑪冬更欽吉！

不置卑劣謬道遍智知！

།བློ་སྣ་ཆོས་ལ་སྒྱུར་ཅིག་གུ་རུ་མཁྱེན།

洛納切拉吉爾幾格惹欽！

願轉心念向法蓮師知！

།ལམ་གོལ་དམན་པར་མ་གཏོང་ཀུན་མཁྱེན་རྗེ།

拉木果曼巴爾瑪冬更欽吉！

不置卑劣謬道遍智知！

།གཉིས་སུ་མེད་དོན་དྲིན་ཆེན་བླ་མ་མཁྱེན།

尼蘇美哆貞欽喇嘛欽！

示無二義大恩上師知！

རང་སྐྱོན་ངོས་བཟུང་བ་ནི་མཚན

自過：

།ཆོས་ལམ་ཞུགས་ཀྱང་ཉེས་སྤྱོད་མི་སྡོམ་ཞིང་།

切拉莫秀江尼覺莫哆香，

雖入法道不護罪惡行，

།ཐེག་ཆེན་སྒོར་ཞུགས་གཞན་ཕན་སེམས་དང་བྲལ།

乘欽果爾秀燕帕賽當扎，

習學大乘卻捨利他心，

།དབང་བཞི་ཐོབ་ཀྱང་བསྐྱེད་རྫོགས་མི་སྒོམ་པའི།

旺伊妥江吉佐莫果比，

得四灌頂不修生圓次，

།ལམ་གོལ་འདི་ལས་བླ་མས་བསྒྲལ་དུ་གསོལ།

拉木果德列喇嘛扎都索，

於謬道中上師祈度我，

།ལྟ་བ་མ་རྟོགས་ཐོ་ཅོའི་སྤྱོད་པ་ཅན།

達哇瑪哆妥覺覺巴堅，

正見不達妄仿瘋瑜伽㉓，

།སྒོམ་པ་ཡེངས་ཀྱང་གོ་ཡུལ་འུད་གོག་འཐག།

果巴央江果優敖果塔，

修持散亂自詡徒口舌，

།སྤྱོད་པ་ནོར་ཀྱང་རང་སྐྱོན་མི་སེམས་པའི།

覺巴努爾江讓君莫賽比，

行為錯誤不思自過失，

།ཆོས་ཛྲེད་འདི་ལས་བླ་མས X

切遮德列喇嘛扎都索！

於偽學㉔中上師祈度我！

།ནང་པར་འཆི་ཡང་གནས་གོས་ནོར་ལ་སྲེད།

囊巴爾其央內格努爾拉舍，

明朝死猶貪衣財家屋，

།ན་ཚོད་ཡོལ་ཡང་ངེས་འབྱུང་སྐྱེ་ཤས་བྲལ།

納措優央厄君覺希扎，

年歲老大亦不思出離，

།ཐོས་པ་ཆུང་ཡང་ཡོན་ཏན་ཅན་དུ་རློམ།

妥巴窮央雲旦堅都洛，

寡聞卻誇有德生驕慢，

།མ་རིག་འདི་ལས་བླ་མས

瑪仁德列喇嘛扎都索！

於無明中上師祈度我！

།རྐྱེན་ཁར་འཚེར་ཡང་འདུ་འཛི་གནས་བསྐོར་སེམས།

金卡爾卻央都次內果賽，

為惡緣轉仍思憒鬧處，

།དབེན་པ་བརྟེན་ཀྱང་རང་རྒྱུད་ཤིང་ལྟར་རེངས།

文巴登江讓吉香達爾讓，

住阿蘭若心續如樹硬，

།དུལ་བར་སྨྲ་ཡང་ཆགས་སྡང་མ་ཞིག་པའི།

都哇瑪爾央恰當瑪希比，

言曰調伏貪瞋未摧毀，

།ཆོས་བརྒྱད་འདི་ལས་བླ་མས་བསྒྲལ་དུ་གསོལ།

切嘉德列喇嘛扎都索！

於八法㉕中上師祈度我！

།གཉིད་འཐུག་འདི་ལས་མྱུར་དུ་སད་དུ་གསོལ།

尼妥德列紐爾都薩都索！

祈請被俾令速醒此癡睡！

།ཁྲི་མུན་འདི་ལས་མྱུར་དུ་དབྱུང་དུ་གསོལ།

赤門德列紐爾都君都索！

祈請俾令速離此暗獄！

།གཉིས་པ་ཐུན་མོང་མ་ཡིན་པའི་སྔོན་འགྲོ་ལའ
ང་དྲུག་ལས།

1དང་པོ་སྐྱབས་སུ་འགྲོ་བ་ནི། དེ་ལྟ་བའི་འཇིག
ས་ཏུང་འཁོར་བའི་སྡུག་བསྔལ་དེ་ལས་རང་གཞན

་སེམས་ཅན་ཐམས་ཅད་བསྒྲལ་བའི་ཕྱིར་བླ་མ་དང
་དཀོན་མཆོག་གསུམ་ལ་སྐྱབས་སུ་འགྲོ་བར་བགྱིའོ
་སྙམ་པའི་སྐྱེས་བུ་ཆེན་པོའི་བློས། རང་ཉིད་གང་དུ
་འདུག་པའི་ས་ཕྱོགས་ཐམས་ཅད་རིན་པོ་ཆེ་སྣ་ཚོག
ས་ལས་གྲུབ་པའི་ཞིང་ཁམས་མཛེས་ཤིང་ཡིད་དུ་འོ
ང་བའི་གཞིར། དཔག་བསམ་ལྗོན་ཤིང་ཡལ་ག་ལྔ
་པ། ལོ་འདབ་དང་མེ་ཏོག་འབྲས་བུ་ཕུན་སུམ་ཚོག
ས་པ་ལ་རིན་པོ་ཆེའི་འཕྲེང་འཕྱུལ་དྲིལ་གཡེར་ལ་སོ
གས་པས་རྣམ་པར་བརྒྱན་པ་ནམ་མཁའི་དབྱིངས
་ཀུན་ཁྱབ་པའི་དབུས་སུ་སེང་གེས་བཏེག་པའི་རིན
་པོ་ཆེའི་ཁྲི་སྣ་ཚོགས་པདྨ་ཉི་ཟླ་བརྩེགས་པའི་གདན
་ལ་སངས་རྒྱས་ཀུན་འདུས་ཀྱི་ངོ་བོ་རྩ་བའི་བླ་མ་ཨོ
་རྒྱན་རྡོ་རྗེ་འཆང་སྐུ་མདོག་སྔོན་པོ་རྡོ་རྗེ་དང་དྲིལ
་བུ་འཛིན་པ།

ཡུམ་མཆོག་རྒྱལ་དཀར་མོ་གྲི་གུག་ཐོད་པ་འཛིན་པ་དང་མཉམ་པར་སྦྱོར་བ། དར་དང་རུས་པའི་རྒྱན་གྱིས་བརྒྱན་ཅིང་།ཞབས་རྡོ་རྗེའི་སྐྱིལ་མོ་ཀྲུང་གིས་བཞུགས་པའི་དབུ་གཙུག་ཏུ་རྫོགས་ཆེན་བརྒྱུད་པའི་བླ་མ་རྣམས་ཐོ་བརྩེགས་སུ་བཞུགས་ཤིང་། གཞན་ཡང་རྩ་བརྒྱུད་ཀྱི་བླ་མ་དམ་པ་རྣམས་དང་། རྒྱུ་སྡེ་ཆེན་པོ་དྲུག་དང་འབྲེལ་བའི་ཡི་དམ་དཀྱིལ་འཁོར་གྱི་ལྷ་ཚོགས། གནས་གསུམ་གྱི་དཔའ་བོ་མཁའ་འགྲོ་བསམ་གྱིས་མི་ཁྱབ་པས་མཐའ་ནས་བསྐོར་བ། མདུན་གྱི་ཡལ་ག་ལ་སངས་རྒྱས་ཤཱཀྱ་ཐུབ་པ་སོགས་དུས་གསུམ་གྱི་སངས་རྒྱས་སྤྲུལ་སྐུའི་རྣམ་པ་ཅན་རྣམས་དང་། གཡས་ཀྱི་ཡལ་གར་ཉེ་བའི་སྲས་བརྒྱད་ལ་སོགས་པ་ཐེག་པ་ཆེན་པོའི་དགེ་འདུན། གཡོན་གྱི་ཡལ་ག་ལ་ཤཱ་རིའི་བུ་དང་། མོའུ་གལ་གྱི་བུ་སོ

གསལ་པ་ཉན་ཐོས་ཀྱི་དགེ་འདུན་འཕགས་པའི་ཚོག
ས། རྒྱབ་ཀྱི་ཡལ་གར་ཆོས་དཀོན་མཆོག་གླེགས་བ
མ་བརྩེགས་པའི་རྣམ་པ་ཅན་ཁ་དོག་དམར་པོ་ཨཱ་ལི
་ཀཱ་ལིའི་རང་སྒྲ་སྒྲོགས་པ། དེ་དག་གི་བར་མཚམས
་ཐམས་ཅད་ཡེ་ཤེས་དང་ལས་ལས་གྲུབ་པའི་ཆོས་སྲུ
ང་དམ་ཅན་རྒྱ་མཚོའི་ཚོགས་ཀྱིས་བར་མེད་དུ་གང
་བ། ཐམས་ཅད་ཀྱང་མཁྱེན་བརྩེ་ནུས་གསུམ་གྱི་ཡོ
ན་ཏན་དཔག་ཏུ་མེད་པས་བདག་ཉིད་ལ་རྗེས་སུ་བ
རྩེ་ཞིང་འདྲེན་པའི་དེད་དཔོན་ཆེན་པོར་མངོན་སུ
མ་དུ་བཞུགས་པར་བསམས་ལ། དེའི་མདུན་དུ་རང
་ཉིད། རང་གི་གཡས་སུ་ཕ། གཡོན་དུ་མ། མདུན
་དུ་གནོད་བྱེད།

༄༅། །མཐའ་སྐོར་ཀུན་ཏུ་རིགས་དྲུག་གི་སེམས
་ཅན་ཐམས་ཅད་ལུས་གུས་པའི་ཐལ་མོ་སྦྱར། ངག

་ནས་སྐྱབས་འགྲོའི་ཚིག་ཚུར་དེར་གྱིས་བཟློད། ཡིད
་ཀྱིས་འདི་ནས་བཟུང་སྟེ་བྱང་ཆུབ་སྙིང་པོ་ལ་མཆིས
་ཀྱི་བར་དུ་བླ་མ་ལ་འདྲེན་པ། ཡི་དམ་དང་སངས་རྒྱ
ས་ལ་སྟོན་པ། ཆོས་ལ་ལམ། མཁའ་འགྲོ་ཆོས་སྐྱོང
་དགེ་མདུན་ལ་ལམ་སྒྲུབ་པའི་ཟླ་གྲོགས་ཞུ་བའི་ཚུལ
་གྱིས་བདག་ཅག་རྣམས་ཁྱེད་ལ་བསྟེན། ཁྱེད་ལ་འབུ
ལ། ཁྱེད་ལས་གཞན་པའི་སྐྱབས་དང་རེ་ས་མེད་པ
ས་ཅི་མཛད་ཁྱེད་མཁྱེན་སྙམ་པའི་གདུང་བ་དྲག་པོ
ས་སྐྱབས་སུ་འགྲོ་བར་མོས་ལ། ལས་དང་པོ་ཚོགས
་ཞིང་རྒྱས་པའི་དམིགས་པ་ལྡོངས་སུ་མ་གྱུར་པ་དག
་གིས། ཀུན་འདུས་ནོར་བུའི་ལུགས་ལྟར་བླ་མ་དང
་ཨོ་རྒྱན་རིན་པོ་ཆེ་དབྱེར་མེད་པ་སྐྱབས་གནས་ཀུན
་འདུས་ཀྱི་ངོ་བོར་ཐག་བཅད་སྙིང་ནས་ཅི་མཛད་ཁྱེ
ད་ཤེས་ཁ་ཙམ་མ་ཡིན་པའི་དད་པས་གསོལ་བ་བཏ

次，不共前行

1、皈依

為令自他一切有情於如是可怖輪迴痛苦中度脫之故，當依上師三寶。作此思維之大，應如是作觀：

自所住地，悉為各種大寶所成，於如是悅意美麗之剎土上，有如意樹，枝分為五，花葉果實，豐茂圓滿，遍虛空際，而以大寶瓔珞鈴網等為作莊嚴。於其中枝上有獅子所抬之大寶座，上有雜色蓮花，日月為墊，上坐總集諸佛體性之根本上師鄔金大金剛持，身色天藍，手執鈴杵，天衣骨飾，金剛趺坐，懷擁海王佛母，母身色白，手持顱鉞。其之頂上，歷代大圓滿傳承上師層層疊坐，其他諸根本傳承聖者上師，及與六大續部㉖相關之本尊壇城聖眾，無量無邊之三處㉗勇士空行，周匝圍繞。

前枝上坐釋迦牟尼佛等三世諸化身佛。

右枝上立近侍弟子八大菩薩㉘等大乘僧伽。

左枝上立舍利佛、目犍連等聲聞聖者僧伽。

後枝上大寶經函，層層累疊，卷帙紅色，發出「阿哩嘎哩」之子聲。

其之中間，由智慧、事業所成之護法，具誓海中無間充滿。

彼等咸以不可思量智悲力功德，湣憐於我，作引導我之大商主。如是緣觀，如同真實住於面前。

其對面為我，我之右面有父，左面有母。前面為怨敵，周圍為一切六道有情。悉身恭敬合掌，口朗朗誦念皈依，意則生如是信念：「從今以後，直至證得佛位之間，祈請上師作為導師，本尊、佛陀作為教祖，法作為道路，空行護法、聖者僧伽作為修道伴侶；我等依止尊，供養尊，出尊外更無所冀與皈依處，我之以後成就因緣如何，尊等遍知，於我如何施與加持，尊等鑒知。」如是殷切作意而修皈依。

初學者於如是廣大福田不能清晰緣觀，依《總集寶法規》，觀：上師與鄔金大寶蓮師無二無別，為一切皈依境總集之體性，對之生起決定。「如何加持我，尊等鑒知！」從內心深處生起非唯口說之敬信而作祈請亦可。

།དཀོན་མཆོག་གསུམ་དངོས་བདེ་གཤེགས་རྩ་བ་གསུམ༔

貢卻松俄帝夏乍哇松，

真實三寶善事三根本，

།རྩ་རླུང་ཐིག་ལེའི་རང་བཞིན་བྱང་ཆུབ་སེམས༔

乍龍特裡讓音香琪賽，

脈氣明點自性菩提心，

།ངོ་བོ་རང་བཞིན་ཐུགས་རྗེའི་དཀྱིལ་འཁོར་ལ༔

俄烏讓音陀吉幾科拉，

本體自性大悲壇城前，

།བྱང་ཆུབ་སྙིང་པོའི་བར་དུ་སྐྱབས་སུ་མཆིས༔

香琪寧波哇都嘉蘇卻！

直至菩提之間我皈依㉙！

༄༅། །ཞེས་སྐྱབས་འགྲོ་ཅི་འགྲུབ་ཏུ་བྱ། མཐར་སྐྱབས་ཡུལ་རྣམས་ཀྱི་ཐུགས་ཀ་ནས་འོད་ཟེར་འཕྲོས། བདག་དང་སེམས་ཅན་ཐམས་ཅད་ཀྱི་ལུས་སེམས་ལ་ཞུགས། སྒྲིབ་གཉིས་བག་ཆགས་དང་བཅས་པ་ཐམས་ཅད་དག ཚེ་དང་བསོད་ནམས་ལུང་རྟོགས་ཀྱི་ཡོན་ཏ

ན་ལ་སོགས་པ་གོང་ནས་གོང་དུ་འཕེལ་ཞིང་རྒྱས་པར་བསམས་ལ་སེམས་འཛིན་མེད་ཀྱི་ངང་དུ་ཅུང་ཟད་རེ་མཉམ་པར་བཞག་གོ།

如是皈依文當盡力誦修之。

繼爾，觀從皈依境心中放光，入照我及一切有情之身心，二障習氣悉得清淨，福壽教證諸功德亦獲增長。如是想已，心無執著中稍住等入㉚。

༄༅། །གཉིས་པ་སེམས་བསྐྱེད་ནི། འདི་ལྟར་མཁའ་ཁྱབ་ཀྱི་སེམས་ཅན་ཐམས་ཅད་ཚེ་རབས་ཐོག་མ་མེད་པ་ནས་དགྲས་ཀྱང་གཉེན་བྱས། གཉེན་གྱིས་ཀྱང་དགྲ་བྱས་པ་སོགས་དགྲ་གཉེན་ངེས་པ་མེད་ཅིང་། ཚེ་འདི་དང་མ་འོངས་པ་ནའང་དགྲ་གཉེན་ངེས་མེད་དུ་འགྱུར་བ་ལ་བསམས་ནས་ཉེ་རིང་ཆགས་སྡང་དང་བྲལ་བའི་སེམས་བཏང་སྙོམས་པ་ཐོག་མར་བསྐྱེད་ཅིང་། དེ་ནས་དེ་ཐམས་ཅད་རང་གི་ཕ་མ

་དྲིན་ཆེན་ཤ་སྟག་ཡིན་པའི་ཕྱིར། དྲིན་གཟོ་བའི་སླད་དུ་བདེ་བ་དང་འཕྲད་འདོད་ཀྱི་བྱམས་པ། སྡུག་བསྔལ་དང་བྲལ་འདོད་ཀྱི་སྙིང་རྗེ། དེ་ལྟ་བུ་དང་མི་འབྲལ་བར་བྱུང་ན་ང་རེ་དགའ་སྙམ་པའི་དགའ་བ་སྟེ་ཚད་མེད་པ་བཞིས་བློ་སྦྱངས་པའི་མཐར། སྐྱེབས་ཡུལ་རྣམས་དཔང་པོར་བཞུགས་པའི་ཚུལ་གྱིས། སེམས་ཅན་ཐམས་ཅད་རྣམ་གྲོལ་གཏན་གྱི་བདེ་བ་ལ་དགོས་པའི་སླད་དུ་བདག་གིས་རྫོགས་པའི་སངས་རྒྱས་ཀྱི་གོ་འཕང་རིན་པོ་ཆེ་དེ་ཅི་ནས་ཀྱང་ཐོབ་ངེས་པ་ཞིག་བྱའོ་སྙམ་པ་སྨོན་པ་དང་། དེའི་ཆེད་དུ་ལམ་ཟབ་མོ་འདི་ཉིད་ཀྱིས་མཚོན་ཏེ་བྱང་ཆུབ་སེམས་དཔའི་སྤྱོད་པ་རླབས་པོ་ཆེ་ལ་བསླབ་ནས་འཁོར་བ་ན་སེམས་ཅན་གཅིག་ཀྱང་མི་གནས་པ་དེ་ཙམ་དུ་བརྩོན་འགྲུས་བརྩམ་པར་བྱའོ་སྙམ་པ་འཇུག་པ

་སྟེ། དེ་ལྟ་བུའི་དམིགས་རྣམ་དང་མ་བྲལ་བར་སེམས་བསྐྱེད་ཀྱི་ཚིག

2、發心

夫遍虛空界之一切有情，無始以來，於生生世世，或怨仇作為親友，或親友作為怨仇等，怨親無定。此生來世，怨耶親耶亦無一定，如是思維而首先生起遠離親疏貪瞋之平等舍心。復次，一切眾生，皆為我之大恩父母，為酬報其恩德故，當以願彼得樂之慈心，離苦之悲心，彼等離苦得樂已則我大喜足之喜心如是四無量而淨治自心，請皈依境聖眾作為見證。為安置一切有情住於解脫常樂之佛地，圓滿佛陀之大寶果位，無論如何亦當決定證得，如是發起願心。故而，我應以此甚深道為導向精進修學菩薩廣大願行，不令有一有情而墮輪迴。作此思維，發起行心。如是不離所緣而念發心偈：

ཧོཿ སྣ་ཚོགས་སྣང་བ་ཆུ་ཟླའི་རྫུན་རིས་ཀྱིསཿ

火　納措囊哇曲達增熱吉，

種種水月虛妄之顯現，

འཁོར་བ་ལུ་གུ་རྒྱུད་དུ་འཁྱམས་པའི་འགྲོཿ

科哇勒格吉都恰比卓，

輪迴相續漂泊諸眾生，

རང་རིག་འོད་གསལ་དབྱིངས་སུ་ངལ་གསོའི་ཕྱིར༔

讓仁敖薩央蘇厄索希爾，

本覺光明界內令歇故，

ཚད་མེད་བཞི་ཡི་ངང་ནས་སེམས་བསྐྱེད་དོ༔

叉美伊以厄內賽吉哆。

我依四無量門而發心。

༄༅། །ཞེས་ལན་གསུམ་སོགས་ཇི་ལྟར་རིགས་པ་བརྗོད། རྒྱུན་དུ་དེ་ཙམ་མི་ལྡོགས་ན་སྨོན་འཇུག་གི་སེམས་བསྐྱེད་པོ་ནས་ཀྱང་དོན་འགྲུབ་ཅིང་། སྤྱིར་ན་བར་འདིར་བདག་གཞན་མཉམ་བརྗེའི་བློ་སྦྱོང་དང་། ཁྱད་པར་དབུགས་འགྲོ་འོང་དང་བསྟུན་ཏེ་བདེ་སྡུག་གཏོང་ལེན་གྱི་དམིགས་པའང་ཉམས་སུ་བླང་ཞིང་། བདག་མེད་རྣམ་གཉིས་ཀྱི་ངེས་པས་དྲངས་པའི་ཞི་ལྷ

ག་ཟུང་འཇུག་དོན་དམ་པའི་བྱང་ཆུབ་ཀྱི་སེམས་ཀྱང
་ཅི་རིགས་སུ་བསྒོམ་མཐར་བདག་སེམས་ཅན་ཐམས
་ཅད་སྐྱབས་ཡུལ་རྣམས་ལ་ཐིམ། དེ་རྣམས་ཀྱང་དབུ
ས་ཀྱི་བླ་མ་ལ་ཐིམ། དེ་ཡང་ཆོས་སྐུ་སྤྲོས་བྲལ་གདོད
་མའི་དབྱིངས་སུ་བསྟིམས་ནས་མཉམ་པར་བཞག་གོ།།

三返或隨宜念之。

若經久不堪，唯生願行二心亦能成辦。如欲廣行，則於此處修習自他平等與相換二法㉛，尤其隨氣之出入而觀修捨樂取苦之所緣。以二無我之定解導生之止觀雙運勝義菩提心亦應盡力修之。

末後，觀自他一切有情融入皈依境，皈依境融入間之上師，上師融入法身離戲本初界中，如是入定。

།གསུམ་པ་རྡོར་སེམས་སྒོམ་བཟླས་ནི།

3、誦修金剛薩埵

༄༅། །ཨཿ བདག་ཉིད་ཐ་མ་ལ་སྤྱི་བོ་རུ༔ སོགས
་བརྗོད་པ་དང་ཆབས་གཅིག་རང་ཉིད་ཐ་མལ་དུ་ག

ནས་པའི་སྤྱི་བོར་པད་དཀར་འདབ་མ་བརྒྱད་པ་སྟོང
་བུ་སོར་བཞི་ཙམ་ཚངས་བུག་ཏུ་ཟུག་པའི་ལྟེ་བར་ཟེ
འུ་འབྲུ་དམར་སེར་གྱི་ཚད་དང་མཉམ་པའི་ཟླ་དཀྱིལ
་དཀར་བསིལ་ཉ་གང་བའི་ སྟེང་དུ་ཧཱུྃ་དཀར་པོ་ཡོང
ས་སུ་གྱུར་པ་ལས་སྐད་ཅིག་གིས་བླ་མ་རྡོ་རྗེ་སེམས་ད
པའ་སྐུ་མདོག་དཀར་གསལ་འོད་ཟེར་འཕྲོ་ཞིང་ཞི་འ
ཛུམ་མཚན་དཔེའི་ཉམས་འགྱུར་ཡོངས་སུ་རྫོགས་པ།
དར་དཀར་པོའི་སྟོད་གཡོགས།

༄༅། །ཁ་དོག་སྣ་ཚོགས་པའི་སྨད་དཀྲིས། ཅོད་པ
ན། དར་མཐིང་ (ཟེ་ལྡིར།) ཁྲའི་ཅོད་པན་ལྷག་པ་ན
ས་ཕྱིར་འཕྱང་བ། གར་གྱི་ཕུ་དུང་ (བྲིས་ཆ་རྙིང་པ
་རྣམས་སུ་འབྱུང་བའི་སྟོད་ཁེབས་ལྷ་བུ་ལ་ཕུ་དུང་ཐུ
ང་དུ་ཡོད་པ།) སྟེ་དར་གྱི་ཆས་གོས་ལྔ་དང་། རིན་པོ
་ཆེའི་དབུ་རྒྱན། སྙན་རྒྱན། མགུལ་རྒྱན། ཕྱག་གདུ

བ། ཞབས་གདུབ། སྐ་རགས། དོ་ཤལ་(རིན་པོ་ཆེའི་དོ་ཤལ་ལྟེ་འོག་ཡན་འཁོར་བ།) སེ་མོ་དོ་ (ནུ་མའི་བར་སླེབ་པའི་དོ་ཤལ་ཐུང་བ།) སྟེ་རིན་པོ་ཆེའི་རྒྱན་བརྒྱད་ཀྱིས་བརྒྱན་པ། ཕྱག་གཡས་རྡོ་རྗེ་ཐུགས་ཀར་གཏོད་ཅིང་།

གཡོན་དྲིལ་བུ་དཀུར་བརྟེན་པ། ཡུམ་རྡོ་རྗེ་སྙེམས་མ་དཀར་མོ་གྲི་ཐོད་འཛིན་པ་དང་མཉམ་པར་སྦྱོར་བ། ཞབས་གཉིས་རྡོ་རྗེ་དང་པདྨའི་སྐྱིལ་ཀྲུང་གིས་བཞུགས་པའི་སྐུ་ཅན་དུ་གསལ་བཏབ་ནས། མོས་གུས་གདུང་ཤུགས་དྲག་པོས་བདག་གི་ཤེས་རྒྱུད་ཀྱི་སྡིག་སྒྲིབ་ཐམས་ཅད་དག་པ་ཞིག་ཁྱེད་མཁྱེན་ནོ་སྙམ་པ་རྟེན་གྱི་སྟོབས། སྔར་བྱས་ཀྱི་སྡིག་པ་ལ་འགྱོད་སེམས་ཤུགས་དྲག་ཏུ་བསྐྱེད་པ་རྣམ་པར་སུན་འབྱིན་པའི་སྟོབས། ཕྱིན་ཆད་སྲོག་ལ་བབ་ཀྱང་མི་བྱེད

་སྙམ་པ་ཉིས་བྱས་སྟོམ་པའི་སྟོབས། སྔར་བྱས་ཀྱི་ག
ཉེན་པོར་རྫོར་སེམས་ཀྱི་ཐུགས་ཀར་ཟླ་དཀྱིལ་གྱི་ད
བུས་སུ་ཧཱུྃ་ཡིག་གི་མཐར་ཡིག་བརྒྱའི་སྔགས་ཕྲེང་ད
ཀར་པོ་སྤྲ་ཤད་ཀྱིས་བྲིས་པ་ལྟ་བུ་གཡས་སྐོར་དུ་ག
སལ་ལ། གློག་པའི་ཚུལ་གྱིས་ཙུང་ཟད་བཟླས་པས།
དེ་ལས་བདེ་ཆེན་གྱི་བདུད་རྩི་དཀར་པོ་འོད་ཟེར་ད
ང་བཅས་པ་དཔག་ཏུ་མེད་པ་བབས། ཡབ་ཡུམ་གྱི
་སྐུའི་དབྱིབས་བརྒྱུད་སྤྱིར་མཚམས་ནས་བྱུང་པདྨའི
་སྟོམ་བུ་ལ་འཁྲིལ་བའི་ཚུལ་གྱིས་རང་གི་ཚངས་བུག
་ནས་ཞུགས་ཏེ། ཤྭ་ཙུད་ཆེན་པོའི་སྣ་ལ་སྤྲུར་མི་ཆ
གས་པ་ལྟར་ནད་ཐབས་ཅད་རྣག་ཁྲག གདོན
་ཐབས་ཅད་སྦྲུག་ཆགས། སྡིག་སྒྲིབ་ཐམས་ཅད་དུ
ད་སོལ་ཁྲུ་ཧླངས་ཀྱི་རྣམ་པས་བ་སྤུའི་བུ་ག་དང་འོག
་སྒོ་གཉིས་ནས་འཐོན། ས་རིམ་པ་དགུའི་འོག་ཏུ་འ

ཆེ་བདག་སྣང་དམར་པོའི་རྣམ་པར་གནས་པའི་ཁ་གདངས་པ་ནས་ ཞུགས། སྟོ་བར་ཚུད་པས་དུས་མ་ཡིན་པའི་འཆི་བ་བསླུས་པར་བསམས་ལ་ཡི་གེ་བཀྲུ་པ་རབ་ཅི་ནུས། འབྲིང་ཀྲུ་རྩ། ཐ་མའང་ཉེར་གཅིག་ལ་ཉུང་མཐའ་བྱས་པ་བཟླ་བ་གཉེན་པོ་ཀུན་ཏུ་སྤྱོད་པའི་སྟོབས་ཏེ་སྟོབས་བཞིའི་གནད་དང་ལྡན་པས།

「阿，於自凡庸身頂上……」如是念誦時，隨想自己平常身之頂上，有八瓣白蓮。莖長四指，插梵穴中，花蕊紅黃，上覆與之等量之白色清涼有如滿月之月輪。輪上觀現一白「吽」字，ཧཱུྃ「吽」字剎那之間化為上師金剛薩埵，身色白亮放光，相好圓滿，寂靜微笑。白緞肩帔，雜色下裙，頂戴寶冠，藍雜色冕旒垂披兩肩，短袖舞衣，如是衣飾共五。大寶頭飾、耳環、頸嚴、手釧、腳鐲、腰帶、垂臍瓔珞、齊乳項鍊，如是寶飾共八以為莊嚴。右手持杵當胸，左手握鈴依胯，金剛慢母，身色雪白，手持顱鉞，以為佛母而雙運。父金剛跏趺，母蓮花跏趺相擁而坐。如是觀明已，以極為勝信恭敬殷切之心而觀修；我之心續一切罪障之清淨，唯仰祈於尊，是為依止力。生起猛利懺悔昔作罪業之心，是為破惡力。後遇命難亦不復作，是為防護力。對治宿業者，觀：金剛薩埵心內月輪上有ཧཱུྃ「吽」字，百字咒鬘周匝圍繞，字劃細如毫毛所書，白亮右旋，稍事念誦，便從咒鬘滲出白色光亮之無量大樂甘露，由父母雙身相合處外溢而繞注蓮莖，繼由梵穴而流入自身之體內。如山洪流下之端，蟲蟻不存。以是之故，一切疾病化為膿血，一切魔類化為昆蟲，一切罪障化為黑煙炭汁從身毛孔及下二門排出，入於九層地下紅牛相之閻羅死主口腹之內，以是能贖非時死。如是作意而念百字明，上等盡力多誦，中等百遍，下等至少二十一返。是為現前對治力。當具如上四力之要而誦修：

ཨཱཿ　བདག་ཉིད་ཐ་མལ་སྤྱི་བོ་རུ༔

阿　達尼塔瑪金烏若，

阿　於自凡庸身頂上，

པད་དཀར་ཟླ་བའི་གདན་གྱི་དབུས༔

貝嘎達威旦吉威，

白蓮月墊現“吽”字，

ཧཱུྃ་ལས་བླ་མ་རྡོ་རྗེ་སེམས༔

吽列喇嘛多傑賽，

「吽」化上師金剛心，

དཀར་གསལ་ལོངས་སྤྱོད་རྫོགས་པའི་སྐུ༔

嘎爾薩龍覺佐比格，

白亮圓滿報身相，

རྡོ་རྗེ་དྲིལ་འཛིན་སྙེམས་མ་འཁྱིལ༔

多傑智增尼瑪赤，

手持鈴杵擁慢母，

ཁྱོད་ལ་སྐྱབས་གསོལ་སྡིག་པ་སྦྱོངས༔

喬拉嘉索德巴君，

皈依尊汝祈淨罪，

འགྱོད་སེམས་དྲག་པོས་མཐོལ་ལོ་བཤགས༔

覺賽扎波妥洛夏！

猛利追悔髮露懺！

ཕྱིན་ཆད་སྲོག་ལ་བབ་ཀྱང་སྡོམ༔

興恰數拉哇江哆，

後遇命難亦防護，

ཁྱོད་ཐུགས་ཟླ་བ་རྒྱས་པའི་སྟེང་༔

喬陀達哇吉比當，

尊心圓滿月輪上，

ཧཱུྃ་ཡིག་མཐའ་མར་སྔགས་ཀྱིས་བསྐོར༔

吽伊塔瑪爾俄吉果爾，

ཧཱུྃ「吽」字周圍咒鬘繞，

བཟླས་པ་སྔགས་ཀྱིས་རྒྱུད་བསྐུལ་བས༔

帝巴俄吉幾格威，

以誦咒聲敦請故，

ཡབ་ཡུམ་བདེ་རོལ་སྦྱོར་མཚམས་ནས༔

雅優帝若覺叉內，

父母嬉樂交合間，

བདུད་རྩི་བྱང་ཆུབ་སེམས་ཀྱི་སྤྲིན༔

都支香琪賽吉貞，

菩提心之甘露雲，

ག་པུར་རྡུལ་ལྟར་འཛག་པ་ཡིས༔

嘎波爾都達作巴伊，

猶冰片粉而降落，

བདག་དང་ཁམས་གསུམ་སེམས་ཅན་གྱིཿ

達當卡松賽堅吉，

我及三界眾有情，

ལས་དང་ཉོན་མོངས་སྡུག་བསྔལ་རྒྱུཿ

列當紐門都俄吉，

業與煩惱痛苦因，

ནད་གདོན་སྡིག་སྒྲིབ་ཉེས་ལྟུང་གྲིབཿ

納冬都智尼頓知，

病、魔、罪障、墮、犯、晦㉜，

མ་ལུས་བྱང་བར་མཛད་དུ་གསོལཿ

瑪列香哇爾乍都索！

祈令無餘得淨除！

ༀ་བཛྲ་ས་ཏྭ་ས་མ་ཡ་མ་ནུ་པཱ་ལ་ཡ། བཛྲ་ས་ཏྭ་ཏྭེ་ནོ་པ་ཏིཥྛ། དྲྀ་ཌྷོ་མེ་བྷ་ཝ། སུ་ཏོ་ཥྱོ་མེ་བྷ་ཝ། སུ་པོ་ཥྱོ་མེ་བྷ་ཝ། ཨ་ནུ་ར་ཀྟོ་མེ་བྷ་ཝ། སརྦ་སིདྡྷི་མྨེ་པྲ་ཡ་ཙྪ། སརྦ་ཀརྨ་སུ་ཙ་མེ། ཙིཏྟཾ་ཤྲེ་ཡཾཿ་ཀུ་རུ་ཧཱུྃ། ཧ་ཧ

་ཏ་ཏ་ཧོཿཛ་ག་ཕཊ། སཏ་ཏ་ཐཱ་ག་ཏ། བཛྲ་སྨ་མེ་མུ ཉྩ། བཛྲཱི་བྷ་ཝ། མ་ཧཱ་ས་མ་ཡ་ས་ཏྭ་ཨཱཿཧཱུཾ་ཕགས།

嗡　貝雜爾薩埵薩麻雅　麻努巴那雅　貝雜爾薩埵待羅巴的叉　只卓邁巴瓦　蘇多卡約邁巴瓦　蘇波卡約邁巴瓦　阿努日阿多邁巴瓦　薩爾瓦斯底邁扎雅擦　薩爾瓦噶爾瑪蘇乍邁　折當瀉爾央咕茹吽　哈哈哈哈夥　巴噶灣　薩爾瓦達塔噶達貝雜爾麻邁蒙乍　貝折爾巴瓦　麻哈薩麻雅薩埵阿吽拍。

༄༅། །ཅེས་ཉམས་སུ་བླངས་པའི་མཐར། འཁོར་ལོ་བཞིའི་གནས་རྣམས་ཀྱང་བདུད་རྩིའི་རྒྱ་མེར་གྱིས་ཁེངས་པས་སྒོ་གསུམ་ཆ་མཉམ་གྱི་སྡིག་སྒྲིབ་བག་ཆགས་དང་བཅས་པ་དག བདེ་སྟོང་དགའ་བ་བཞིའི་ཡེ་ཤེས་རྒྱུད་ལ་སྐྱེས་པས་ལུས་སེམས་ཟག་མེད་ཀྱི་བདེ་བས་ཁྱབ་པར་བསམ། །མཇུག་བཤགས་སྡོམ་བྱ་བ་ནི། སྔར་ཡང་མོས་གུས་གདུང་ཤུགས་དྲག་པོས།

如是修已，觀自身四輪㉝之處亦以甘露漣蕩充滿，三門等分之罪障習氣清淨，樂空四喜之智慧[34]於自續[35]中生起，身心遍佈無漏大樂。繼後，懺悔防護者，復以極其勝解恭敬殷切之心而祈請：

མགོན་པོ་བདག་ནི་མི་ཤེས་རྨོངས་པ་ཡིས༔

貢波達尼莫希門巴伊，

怙主我以愚蒙無知故，

དམ་ཚིག་ལས་ནི་འགལ་ཞིང་ཉམས༔

達次列尼嘎香娘，

於三昧耶多毀犯，

བླ་མ་མགོན་པོས་སྐྱབས་མཛོད་ཅིག༔

喇嘛貢波嘉佐吉，

上師大寶祈救護，

གཙོ་བོ་རྡོ་རྗེ་འཛིན་པ་སྟེ༔

佐烏多傑增巴帝，

主尊怙主金剛持，

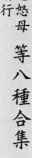

ཐུགས་རྗེ་ཆེན་པོའི་བདག་ཉིད་ཅན༔

陀吉欽波達尼堅，

具足大悲之至尊，

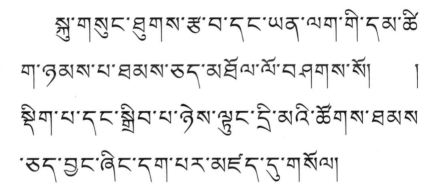

འགྲོ་བའི་གཙོ་ལ་བདག་སྐྱབས་མཆིཿ

卓哇佐拉達嘉卻！

眾生主前我皈依！

སྐུ་གསུང་ཐུགས་རྩ་བ་དང་ཡན་ལག་གི་དམ་ཚིག་ཉམས་པ་ཐམས་ཅད་མཐོལ་ལོ་བཤགས་སོ། །སྡིག་པ་དང་སྒྲིབ་པ་ཉེས་ལྟུང་དྲི་མའི་ཚོགས་ཐམས་ཅད་བྱང་ཞིང་དག་པར་མཛད་དུ་གསོལ།

所犯身口意三密之一切根本分支三昧耶戒無餘披露懺悔，祈令我之一切罪障墮犯諸垢移皆得清淨。

༄༅། །ཅེས་སྐྱབས་གསོལ་གྱི་ཚིག་བརྗོད་པ་དང་། རང་རྒྱུད་ཀྱི་སྡིག་ལྟུང་དག་པ་ལ་བླ་མ་རྡོ་རྗེ་སེམས་དཔའ་ཐུགས་དགྱེས་པས་ཞལ་འཛུམ་མདངས་སུ་བཞད་ཅིང་། རིགས་ཀྱི་བུ་ཁྱོད་ཀྱི་སྡིག་སྒྲིབ་ཉེ

ས་ལྷུང་ཐམས་ཅད་དག་པ་ཡིན་ནོ། །ཞེས་གསུང
་གིས་དངོས་སུ་གནང་བ་བྱིན་པ་དང་ཆབས་ཅིག་བ
དེ་སྟོང་ཆེན་པོའི་ངོ་བོར་འོད་དུ་ཞུ་ནས་རང་ལ་ཐིམ
་པའི་རྐྱེན་ལས། རང་ཉིད་ཀྱང་སྐད་ཅིག་གིས་རྡོ
་རྗེ་སེམས་དཔའ་ཡབ་ཡུམ་སྐུ་མདོག་ཕྱག་མཚན་རྒྱ
ན་ཆ་ལུགས་སོགས་མ་འདྲེས་ཤིང་ཡོངས་སུ་རྫོགས
་པ་སྣང་སྟོང་མེ་ལོང་ནང་གི་གཟུགས་བརྙན་ལྟ་བུར
་གསལ་བའི་ ཐུགས་ཀར་ཟླ་དཀྱིལ་གྱི་དབུས་སུ
་ཐུགས་སྲོག་ཧཱུྃ། སྔགས་བཞིར། ཨོཾ་བཛྲ་སཏྭའི་སྔ
གས་ཀྱི་ཡིག་འབྲུ་རྣམས་གསལ་བ་ལས་འོད་ཟེར་ད
ཀར་པོ་དཔག་ཏུ་མེད་པ་འཕྲོས་པའམ། ཡང་ན་ད
བུས་སུ་ཧཱུྃ་མཐིང་ག །ཤར་དུ་ཨོཾ་དཀར་པོ། ལྷོར་བ
ཛྲ་སེར་པོ། ནུབ་ཏུ་ས་དམར་པོ། བྱང་དུ་ཏྭ་ལྗང་གུ
་རྣམས་ལས་འོད་ཟེར་རང་མདོག་འཕྲོ་བ་དམིགས

་ཀྱང་ཚོག ། འཕགས་པ་མཆོད། བྱིན་རླབས་ད
ང་དངོས་གྲུབ་ཐམས་ཅད་ཚུར་འདུས་རང་ལ་ཐིམ།
སླར་འཕྲོས་སེམས་ཅན་ཐམས་ཅད་ཀྱི་ སྡིག་སྒྲིབ་སྦྱ
ངས། ཕྱི་སྣོད་ཀྱི་འཇིག་རྟེན་འོག་མིན་མངོན་པར
་དགའ་བའི་ཞིང་དང་། ནང་བཅུད་ཁམས་གསུམ
་རིགས་དྲུག་གི་སེམས་ཅན་ཐམས་ཅད་རྡོ་རྗེ་སེམས
་དཔའ་རིགས་ལྔའི་རང་བཞིན་དུ་སངས་རྒྱས། བསྙེ
ན་སྒྲུབ་ཡན་ལག་བཞི་ལྡན་གྱི་སྒོ་ནས་སྣང་གྲགས་རི
ག་གསུམ་ལྷ་ སྔགས་ཡེ་ཤེས་ཀྱི་རོལ་བར་ལམ་དུ་ཁྱེ
ར་ཞིང་། ཡང་སྙིང་ཨོཾ་བཛྲ་ས་ཏྭ་ཧཱུྃ་ཅི་ནུས་བཟླ་བ
་ནི་ཁྱད་པར་བསྐྱེད་རིམ་ལ་བརྟེན་པའི་སྒྲིབ་སྦྱོང་ད
ང་། མཐར་ཐུག་ལྷ་སྔགས་ཀྱི་སྤྲོས་པ་ཐམས་ཅད་རི
མ་པར་ཧཱུྃ་གི་ནཱ་དའི་བར་བསྡུ། དེ་ཡང་ནམ་མཁའ
་ལ་འཇའ་ཡལ་བ་ལྟར་སྤྲོས་བྲལ་འོད་གསལ་ གཞུག

་མའི་ངང་དུ་བསྡུས་ཏེ། སྦྱང་བྱ་སྦྱོང་བྱེད་ཀྱི་རྟོག་ཚོགས་ཐམས་ཅད་གཟོད་མ་ནས་རང་བཞིན་གྱིས་མ་གྲུབ་པའི་རིག་སྟོང་དོན་གྱི་རྡོ་རྗེ་སེམས་དཔའི་རང་ཞལ་བལྟ་ཞིང་མཉམ་པར་ འཇོག་པ་ནི་དོན་དམ་རྫོགས་རིམ་ལ་བརྟེན་པའི་སྒྲིབ་པ་སྦྱོང་ཚུལ་བླ་ན་མེད་པའོ།

如是修誦祈請，自續之罪墮清淨，上師金剛薩埵心生喜悅而微笑，曰：「善男子（善女子），爾之罪障業墮悉清淨矣。」如是親口賜予許可，同時化成大樂空自性光明而溶入自身。以是之故，自身瞬間轉為金剛薩埵佛父母，身色手印標幟服飾莊嚴等無雜圓滿，雖顯而空，如鏡中影。心內月輪上有心命種子 ཧཱུྃ「吽」，四方繞以 ༀ་ བཛྲ་ ས་ ཏྭ 「嗡班雜爾薩埵」四字，咒鬘放射無邊白光。或觀：中 ཧཱུྃ「吽」放藍光，東 ༀ「嗡」白光，南 བཛྲ「班雜爾」黃光，西 ས「薩」紅光，北 ཏྭ「埵」綠光亦可。以是光明，上供諸佛，攝集一切加持與成就入於自身，復次放光淨除一切有情罪障，外器世間悉成色究竟天歡喜國土㊱，內有情世間三界六道一切眾生悉於金剛薩埵五種性㊲中成佛。以修念、近修、修、大修四支㊳，將境、聲、心三㊴，悉歸為本尊、咒、自然智遊戲之道用。繼而盡力誦持心中心咒:

ཨོཾ་བཛྲ་ས་ཏྭ་ཧཱུྃ། 嗡貝雜爾薩埵吽

上為依於特別生起次第之淨障法。

最後， 本尊、咒諸戲論依次溶入 ཧཱུྃ「吽」乃至 ཱ「那打」㊵中，複如彩虹消失於空然契入原始離戲光明界內；能淨所淨諸分別聚，本來無有自性，乃覺空實義金剛薩埵之真實面目，如是覺照而入等住㊶，是為依止最為無上勝義圓滿次第之淨障法。

།བཞི་བ་མཎྜལ་ནི། མདུན་གྱི་ནམ་མཁར་ཚོག
ས་ཞིང་སྐྱབས་ཡུལ་ལྟར་གསལ་བཏབ་སྟེ། རིན་པོ
་ཆེ་ལ་སོགས་པའི་མཎྜལ་གྱི་དོར་བྱས་ལ་དྲི་བཟང་ད
ང་བ་བྱུང་གི་ཆུས་བྱུགས་པར་མེ་ཏོག་གི་ཚོམ་བུ་སོ
་བདུན་ནམ་བདུན་བཀོད་པའམ། རྒྱུན་དུ་མ་འགྲུ
བ་ན་དམིགས་པས་ཀྱང་རུང་སྟེ། གང་ལྟར་ཡང་ཐུན

་སོང་སྤྲུལ་སྐུའི་མཎྜལ་གླིང་བཞི་རི་རབ་ལྷ་གནས་ད
ང་བཅས་པའི་སྟོང་གསུམ་འཇིག་རྟེན་གྱི་ཞིང་ཁམ
ས་བྱེ་བ་ཕྲག་བརྒྱ་སྟོད་བད་ཀྱི་འཁོར་བ་ཕུན་སུམ་ཚོ
གས་པས་ཡོངས་སུ་གང་བ་དང་། བྱེ་བྲག་ཏུ་རང་གི
་ལུས་ལོངས་སྤྱོད་དགེ་ཚོགས་དང་བཅས་པ་སྤོས་མེ
ད་དུ་འབུལ་བ། དེའི་སྟེང་མཁར་ཐུན་མིན་ལོངས་སྐུ
འི་་མཎྜལ་འོག་མིན་སྟུག་པོ་བཀོད་པའི་ཞིང་ཁམས
་སྐུ་དང་ཡེ་ཤེས་ཀྱི་རྣམ་རོལ་མཆོད་པའི་སྤྲིན་ཕུང་འ
བྱམས་ཀླས་སུ་ཤར་བ། དེའི་སྟེང་གི་དབྱིངས་ལ
་ཁྱད་པར་ཆོས་སྐུའི་་མཎྜལ་སྐྱེ་མེད་གདོད་མའི་གཞི
་ལ་འགགས་མེད་འོད་གསལ་གྱི་སྣང་ཆ་རིག་པ་ཚད
་ཐེབས་ཀྱི་ཆོམ་བུར་བཀོད་པ་སྟེ། དེ་དག་ཀྱང་རྒྱལ
་ཕྲ་རབ་རེ་རེའི་ཁོངས་སུ་རྒྱལ་སྙེད་ཀྱི་ཞིང་ཁམས་ཅེ
ར་ཡང་འཆར་བའི་ཆོས་ཉིད་བསམ་གྱིས་མི་ཁྱབ་པ་

རྣམ་པ་ཐམས་ཅད་པའི་ཚུལ་ཁོང་དུ་ཆུད་པས་ཕུལ་ལ། བདག་གཞན་སེམས་ཅན་ཐམས་ཅད་ཚོགས་གཉིས་རྫོགས་ཤིང་། སྒྲིབ་གཉིས་བྱང་བ་དང་། ཉམས་རྟོགས་ཀྱི་ཡོན་ཏན་ཕུན་སུམ་ཚོགས་པ་རྒྱུད་ལ་སྐྱེས་ནས། མཐར་ཐུག་སྐུ་གསུམ་གྱི་ཞིང་ཁམས་རྒྱ་མཚོར་ལོངས་སྤྱོད་པར་མཛད་དུ་གསོལ་སྙམ་པའི་མོས་གུས་ཀྱི་གདུང་བ་དང་བཅས་ཏེ

4、曼扎

前面空中明現資糧田如皈依境。於大寶等所成之曼扎盤上，首行擦拭，復以香水、黃牛尿㊷塗之，上置花朵三十七堆或七堆。若不堪常作，但行緣觀亦可。

其共通化身曼扎者：觀想須彌四洲田處等三千大千世界百俱胝國土，情器受用圓滿具足充盈，特別自之身蘊受用善資等無所顧慮而作供獻。

彼之上空，為不共報身曼扎：顯現色究竟天厚嚴國土㊸，身、智之遊戲供養雲蘊廣大無垠。

其上法界，為不共法身曼扎：無生本元之體上，安置無滅光明現分明覺大量之堆聚以為莊嚴。

三身刹土內之每一極微塵中，皆有微塵數之國土出現。如是通達法性不可思議而作供獻。祈願自他一切有情二資圓滿，二障清淨，教證功德圓滿生起。請於究竟三身刹土大海中賜予受納。如是以勝解恭敬之誠而修。

ༀ་ཨཱཿཧཱུྃ༔ སྟོང་གསུམ་འཇིག་རྟེན་བྱེ་བ་ཕྲག་བརྒྱའི་ཞིང་༔

嗡阿吽　冬松吉登希哇叉嘉香，

嗡阿吽　三千世界百俱胝國土，

རིན་ཆེན་སྣ་བདུན་ལྷ་མིའི་འབྱོར་པས་གཏམས༔

仁欽納登拉莫覺爾比達，

七種大寶㊹人天福資盈，

བདག་ལུས་ལོངས་སྤྱོད་བཅས་པ་ཡོངས་འབུལ་གྱིས༔

達列龍覺吉巴雲波吉，

自身及諸受用悉供獻，

ཆོས་ཀྱི་འཁོར་ལོས་སྒྱུར་བའི་སྲིད་ཐོབ་ཤོག༔

切吉科洛吉爾威詩妥肖！

願證法之轉輪王聖位！

འོག་མིན་བདེ་ཆེན་སྟུག་པོ་བཀོད་པའི་ཞིང༔

敖門帝欽都波果比香，

色究竟天大樂厚嚴剎，

ངེས་པ་ལྔ་ལྡན་རིགས་ལྔའི་ཚོམ་བུ་ཅན།

厄巴俄旦仁俄措烏堅，

具五決定㊺五種性堆聚，

འདོད་ཡོན་མཆོད་པའི་སྤྲིན་ཕུང་བསམ་ཡས་པ༔

哆雲卻比貞彭薩伊巴，

妙欲供養雲蘊無邊際，

ཕུལ་བས་ལོངས་སྐུའི་ཞིང་ལ་སྤྱོད་པར་ཤོག

普威龍格香拉覺巴爾肖！

以供獻故願登報身土！

སྣང་སྲིད་རྣམ་དག་གཞོན་ནུ་བུམ་པའི་སྐུ༔

囊詩南達雲努本比格，

萬有清淨無死童瓶身㊻，

ཐུགས་རྗེ་མ་འགགས་ཆོས་ཉིད་རོལ་པའི་བརྒྱན༔

陀吉瑪嘎切尼若比堅，

大悲不滅㊼為法性戲嚴，

སྐུ་དང་ཐིག་ལེའི་འཛིན་པ་རྣམ་དག་ཞིང༔

格當特裡增巴南達香，

身與明點執著清淨剎，

ཕུལ་བས་ཆོས་སྐུའི་ཞིང་ལ་སྤྱོད་པར་ཤོག༔

普威切格香拉覺巴爾肖！

由供獻故願證法身地！

༄༅།ལྷ་བ་ཀུ་སླ་ལའི་ཚོགས་གསོག་ནི། ཚོགས་ཞིང་སྣང་གསལ་བཞིན་པའི་ངོག་ཏུ་གནོན་བྱེད་ ཀྱིས་གཙོས་པའི་རིགས་དྲུག་གི་སེམས་ཅན་ཐམས་ཅད་སྐད་ཅིག་གིས་གསལ་བཏབ་ལ། ཕཊ༔ ཞེས་བརྗོད་པ་དང་ཆབས་གཅིག། རང་ལུས་འཛིན་སེམས་ཀྱིས་གཅེས་པར་བཟུང་བའི་ཞེན་པ་སྤྱངས་པས། རང་སེམས་ཀྱི་ངོ་བོ་ཐིག་ལེ་དཀར་པོ་སྲན་མ་ཙམ་པ་ཞིག་སྤྱི་བོ་ནས་རྒྱང་གིས་ཐོན་པས་ཡེ་ཤེས་ཀྱི་མཁ

འ་འཁྲོ་ཁྲོས་མ་ནག་མོ་དར་དང་རིན་ཆེན་རུས་པའི
་ཕྱག་རྒྱ་ལྔས་བརྒྱན་པ། སྤྱི་བོར་ཕག་ཞལ་གྱིས་མཚ
ན་པའི་ཕྱག་གཡས་གྲི་གུག་ནམ་མཁར་འཕྱར་བས
་ཕུང་པོ་རྙིང་པའི་ཐོད་པ་སྨིན་མཚམས་ནས་བྲེགས
་ཏེ་སྟོང་གསུམ་དང་མཉམ་པར་གྱུར་པ་དེ་ཉིད་ཐོད
་པའི་སྒྱིད་པུ་རི་རབ་ཙམ་གསུམ་གྱི་ཁར་བཞག་པའི
་ནང་དུ་ལུས་ཀྱི་ཆ་ཤས་རྣམས་དུམ་བུར་བཅད་དེ་བླུ
གས། འོག་ནས་ཨ་ཐུང་ལས་ཡེ་ཤེས་ཀྱི་མེ་འབར།
རླུང་དུ་ཧཾ་ཡིག་དཀར་པོ་མགོ་ཐུར་བསྟན་དུ་གནས
་པ་ལས་བདུད་རྩིའི་རྒྱུན་འཛག་སྟེ་ཞུ་ཞིང་ཁོལ། ཨོཾ
་བརྗོད་པས་མ་དག་པའི་དངོས་པོ་ཐམས་ཅད་ཧྲང
ས་པ་སྔོ་དམར་གྱི་རྣམ་པར་ཕྱིར་ཐོན་ཏེ་སྦྱངས། ཨཱཿ
ས་དག་པ་ཡེ་ཤེས་ཀྱི་བདུད་རྩི་བསམ་གྱིས་མི་ཁྱབ་པ
ར་སྤེལ༔ ཧཱུྃ་གིས་ངོ་བོ་ཡེ་ཤེས་ཀྱི་བདུད་རྩི་ལ་རྣམ་པ

་འདོད་དགུའི་ལོངས་སྤྱོད་ཅིར་ཡང་འཆར་བའི་ན
མ་མཁའ་མཛོད་ཀྱི་འཁོར་ལོའི་སྤྲིན་ཆེན་པོར་བསྒྱུ
ར་བར་བསམས་ལ་འབྲུ་གསུམ་མང་དུ་བརྗོད། དེ
་ནས་རང་གི་ཐུགས་ཀ་ནས་མཆོད་པའི་ལྷ་མོ་དཔག
་ཏུ་མེད་པ་སྤྲོས་ཏེ། ཕུད་ཀྱིས་ཚོགས་ཞིང་རྣམས་ལ
་མཆོད་པས་ཐུགས་རྒྱུད་ཟག་མེད་ཀྱི་བདེ་བས་ཚིམ
ས་ཏེ་རང་གཞན་སེམས་ཅན་ཐམས་ཅད་ཚོགས་ག
ཉིས་རྫོགས། སྒྲིབ་གཉིས་བྱང་། དངོས་གྲུབ་རྣམ་པ
་གཉིས་ཐོབ། ལྷག་མ་རིགས་དྲུག་གི་སེམས་ཅན་རྣ
མས་དང་། ཁྱད་པར་གནོད་བྱེད་ཀྱི་ཚོགས་རྣམ
ས་ལ་ བྱིན་པས་སོ་སོར་གང་འདོད་པའི་ཡོ་བྱད་ད
ང་། ཞ་ཁྲག་རུས་པའི་ཕུང་པོར་གྱུར་ནས་ལོངས
་སྤྱོད། ལན་ཆགས་དང་བུ་ལོན་བྱང་། གནོད་འ
ཚེ་དང་གདུག་སེམས་ཞི།

ལུས་ཟག་མེད་འཇའ་ཚོན་གྱི་སྐུ་དང་། སེམས་རྟོག་མེད་ཆོས་ཀྱི་སྐུར་གནས་འགྱུར་བར་བསམ་ལ།

5、咕薩哩乞丐積資法㊽

如前明現資糧田。觀於其下以作障怨仇為主之一切六道眾生剎那之間悉現於前。念「呸……」等偈之同時，當如是觀修：

為斷捨身執貪愛故，觀自身心體性化為白色明點，如豌豆量，由自頂門躍入上空，變成黑色忿怒智慧空行母，大寶、綢衣、人骨五手印為作莊嚴，頂上現一亥首。右手持鉞舉揚空中，從自之舊蘊屍體眉間割下天靈蓋，量等大千，仰置於若須彌量之三人頭支足上。內中盛滿切成碎塊之身體各個支分。其下現一短ཨ「阿」，從彼燃起智慧烈火。其上現一白色倒ཧཾ「杭」，從彼滴注甘露水流，溶入顱器內。繼行煮沸。誦「嗡」，不淨諸物化為青紅霧氣溢出而得清淨；誦「阿」，清淨智慧甘露不可思議增長；誦「吽」自性為智慧甘露，相則凡諸所欲之衣食資具等一切受用盡皆如意變化，而成大須空藏輪供養雲。如是緣觀而多念三字咒㊾。復次，觀從自心化現出無量供養天女，手持上諸新鮮妙供供養資量田，一切聖眾身心生起無漏大樂，獲諸喜足。由是自他一切有情二資圓滿，二障清淨，證得二種成就㊿。殘餘供品，為施六道眾有情，尤其作障諸怨敵故，化為各個所欲求之資財器具，血肉骨等蘊聚而令享用。冤業宿債償淨，損腦心、毒害心息滅。自己身成無漏虹體，心轉為無念法身。

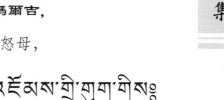

ཕཊ༔ ལུས་གཅེས་འཛིན་བོར་བས་ལྷ་བདུད་ཚོམ༔

呸　列吉增烏爾威拉都卻，

呸　棄身貪執以降天魔，

སེམས་ཚངས་པའི་སྒོ་ནས་དབྱིངས་ལ་ཐོན༔

賽倉比果內央拉同，

心從梵穴處躍空界，

འཆི་བདག་གི་བདུད་བཅོམ་ཁྲོས་མར་གྱུར༔

其達格都君赤瑪爾吉，

摧毀死魔故成怒母，

གཡས་ཉོན་མོངས་བདུད་འཛོམས་གྲི་གུག་གིས༔

伊紐門都君智格勾，

斷煩惱魔兮右鉞刀，

གཟུགས་ཕུང་པོའི་བདུད་བཅོམ་ཐོད་པ་བྲེགས༔

詩彭波都君妥巴遮，

伏色蘊魔故切顱蓋，

གཡོན་ལས་བྱེད་ཚུལ་གྱིས་ཧཱ་ཌྷཱ་ཐོགས༔

雲列希次吉貝達妥，

左手作業兮持本打㊿，

སྐུ་གསུམ་གྱི་མི་མགོའི་སྒྲེད་པུར་བཞག༔

格松吉莫果吉波爾雅，

表三身三頭上仰置，

ནང་སྟོང་གསུམ་གང་བའི་བམ་རོ་དེ༔

囊冬松岡威瓦若帝，

顱內盛自屍量三千，

ཨ་ཐུང་དང་ཧཾ་ཡིག་གིས་བདུད་རྩིར་བཞུ༔

阿同當杭伊格都資爾秀，

短ཨ「阿」白ཧཾ「杭」以煉甘露，

འབྲུ་གསུམ་གྱིས་ནུས་པས་སྦྱངས་སྤེལ་བསྒྱུར༔

智松吉努比江白吉爾。

以三字力令淨增變。

ༀ་ཨཱཿཧཱུྃ༔ གྲངས་མེད་མཐར༔

嗡阿吽　若干遍後：

པཿ ཡར་མཆོད་ཡུལ་མགྲོན་གྱི་ཐུགས་དམ་བསྐང༔

呸　雅卻優仲吉陀達貢，

呸　供施故上賓心滿足，

ཚོགས་རྫོགས་ནསམཆོག་ཐུན་དངོས་གྲུབ་ཐོབ༔

措佐內卻同俄智妥，

資糧圓殊共悉地成，

མར་འཁོར་བའི་མགྲོན་མཉེས་ལན་ཆགས་བྱང༔

瑪爾科威仲尼南恰香，

輪迴客心悅業債淨，

ཁྱད་པར་དུ་གནོད་བྱེད་བགེགས་རིགས་ཚིམས༔

恰巴都努希嘎仁次，

尤其令作障魔類喜，

ནད་གདོན་བར་ཆད་དབྱིངས་སུ་ཞི༔

納冬哇爾恰央蘇希，

病礙難中斷界內滅，

ཀྱེན་ངན་དང་བདག་འཛིན་རྡུལ་དུ་བརླགས༔

金俄當達增都鬥拉，

惡緣及我執皆粉碎，

མཐར་མཆོད་བྱ་དང་མཆོད་ཡུལ་མ་ལུས་ཀུན༔

塔爾卻夏當卻優列瑪列更，

末所供供境悉無餘，

གཤིས་རྫོགས་པ་ཆེན་པོར་མ་བཅོས་ཨཱཿ༔

希佐巴欽波瑪吉阿。

入大圓本性勿改「阿」。

༄༅། །ཞེས་མཐར་མཆོད་བྱ་དང་མཆོད་ཡུལ་སོགས་ཀྱིས་མཚོན་གཟུང་འཛིན་གྱི་རྟོག་ ཚོགས་ཐམས་ཅད་རང་བཞིན་གྱིས་མ་གྲུབ་པའི་སེམས་ཀྱི་གཤིས་ལུགས་འོད་གསལ་རྫོགས་པ་ ཆེན་པོའི་དབྱིངས་སུ་སྦྱངས་ནས་འཁོར་གསུམ་གྱི་མ་མཚན་མ་དང་བྲལ་བའི་མ་བཅོས་གཉུག་མའི་ངང་དུ་ངལ་གསོའོ།

最後，所供供品及供境聖凡等能所取一切分別法聚，皆於無自性之心性光明大圓滿界中獲得淨治，繼於三輪㊿體空之無為本元真實性中休息。

༄༅། །དྲུག་པ་བླ་མའི་རྣལ་འབྱོར་ལ་གསུམ་ལས།

དང་པོ་གསལ་གདབ་པ་ནི། འདི་ལྟར་ནམ་མཁས་གར་ཁྱབ་ཐམས་ཅད་རང་གི་སྣང་བས་ཁྱབ་པས། སྣང་བས་ཁྱབ་ཚད་ཀྱི་ཞིང་ཁམས་ཐམས་ཅད་ལ།

ཐ་མལ་གྱི་འཛིན་སྣང་དབྱིངས་སུ་ཐིམ་པ་ལས་རང་བྱུང་ལྷུན་གྲུབ་ཏུ་ཤར་བའི་དག་པ་རབ་འབྱམས་ཀྱི་ཞིང་དབྱིབས་དང་། རྒྱན་དང་། བཀོད་པ་ཚད་མེད་པས་མངོན་པར་འཕགས་པའི་འོག་མིན་པདྨ་འོད་ཀྱི་ཕོ་བྲང་ཆེན་པོར་གསལ་བའི་དབུས་སུ། རང་ཉིད་གཞི་ལུས་ཀྱི་དངོས་པོ་ངོ་བོ་མཚོ་རྒྱལ་ལ། རྣམ་པ་རྡོ་རྗེ་རྣལ་འབྱོར་མ་སྐུ་མདོག་དམར་མོ་གཡ

ས་གྲི་གུག་དང་། གཡོན་པ་ཐོད་པ་ཁྲག་གིས་གང
་བ་བསྣམས་ཤིང་། གྲུ་མོ་གཡོན་ན་ཁ་ཊྭཱཾ་ག་འཆང
་བ། པད་ཉི་བམ་རོའི་གདན་ལ་ཞབས་གཡས་བརྐྱ
ངས་ཤིང་། གཡོན་ཅུང་ཟད་བསྐུམས་པའི་དོར་སྟ
བས་ཀྱིས་བཞུགས་པ། དར་དང་རུས་པའི་རྒྱན་གྱིས
་བརྒྱན་ཅིང་། མོས་གུས་ཀྱི་སྤྱན་གསུམ་བླ་མའི་ཐུག
ས་ཀར་རིངས་པའི་ཚུལ་གྱིས་གཟིགས་པའི་སྤྱི་བོའི
་ཐད་མདུན་གྱི་ནམ་མཁའི་གནས་སུ་སྣ་ ཚོགས་པ
དྨ་འདབ་མ་འབུམ་དང་ལྡན་པ། དེའི་ཟེའུ་འབྲུ་ད
ང་ཚད་མཉམ་པའི་ཉི་ཟླའི་དཀྱིལ་འཁོར་གྱི་

དབུས་སུ་སྐྱབས་གནས་ཀུན་འདུས་ཀྱི་ངོ་བོ་རྩ
་བའི་བླ་མ་ལ་རྣམ་པ་ཨོ་རྒྱན་མཚོ་སྐྱེས་རྡོ་རྗེ་སྐུ་མདོ
ག་དཀར་ལ་དམར་བའི་མདངས་ཆགས་པ། ལོ་བ
རྒྱད་ལོན་པའི་ངང་ཚུལ་ཅན། སྤྱན་གཉིས་ལྟ་སྟང

ས་ཧྲིག་གེར་གཟིགས་པ། སྐུ་ལ་ནང་དུ་རྡོ་རྗེའི་གས
ང་གོས་དཀར་པོ་དང་། དེའི་སྟེང་དུ་རིམ་པར་འ
དུང་མ་དམར་པོ་དང་། སྟགས་ཀྱི་ཤོད་ཆེན་མཐིང
་ནག་དང་། ཆོས་གོས་དམར་པོ་གསེར་གྱི་མེ་ཏོག་གི
་རིས་སྤྲས་པ་ཟ་འོག་གི་པེར་དམར་སྨུག་རྣམས་བ
རྩེགས་མར་ གསོལ་བ། ཞལ་གཅིག་ཕྱག་གཉིས་པ།
ཕྱག་གཡས་རྡོ་རྗེ་རྩེ་ལྔ་པ་ (སྣང་སྲིད་ཟིལ་གནོན་བ
སྒོམ་ཀྱང་ཆོག་མཆན།) ཐུགས་ཀར་གཏོད་པའི་ཚུལ
་དང་། གཡོན་མཉམ་བཞག་གི་སྟེང་ན་ཀ་པཱ་ལའི་ད
བུས་སུ་འཆི་མེད་ཡེ་ཤེས་ཀྱི་བདུད་རྩིས་གང་བའི་ཚེ
འི་བུམ་པ་དང་། གྲུ་མོ་གཡོན་དུ་ཡུམ་མནྡཱ་ར་བ་
སྦྲས་པའི་ཚུལ་གྱིས་ཁ་ཊྭཱཾ་རྩེ་གསུམ་གྱི་རྣམ་པར་བསྣ
མས་པ། དབུ་ལ་འདབ་མ་ལྔ་དང་ལྡན་པའི་པདྨའི
་མཉེན་ཞྭ་གསོལ་ཞིང་། ཁྲོ་འཛུམ་མཚན་དཔེའི་གཟི

་ཕྱིན་མཆོག་ཏུ་འབར་བ། ཞབས་གཉིས་རྒྱལ་པོ
་རོལ་པའི་འདུག་སྟངས་ཀྱིས་བཞུགས་པའི་མཐའ
་སྐོར་ ཀུན་ཏུ་འཇའ་མཚོན་གྱི་གུར་ཡབ་ཅིང་། འོ
ད་ལྔའི་ཟེར་ཐག་གི་དྲ་བ་མིག་མངས་རིས་སུ་འབྲེལ
་བའི་ནང་ཁོངས་འཇའ་འོད་ཀྱི་ཐིག་ལེ་ཟླུམ་པོར་འ
ཁྱིལ་བའི་ཀློང་དུ། རྩ་བའི་བླ་མའི་ཐུགས་ཡེ་ཤེས་ཆེ
ན་པོའི་རྣམ་རོལ་ལས་ཤར་བའི་རྒྱ་གར་གྱི་རིག་འཛི
ན་བརྒྱད། རྣལ་འབྱོར་གྱི་དབང་ཕྱུག་བརྒྱད་ཅུ་རྩ
་བཞི། བོད་ཀྱི་གྲུབ་ཆེན་རྗེ་འབངས་ཉེར་ལྔ་སོག
ས་རྒྱ་གར་གྱི་པཎ་གྲུབ་རིག་པ་འཛིན་པའི་ས་ལ་བཞུ
གས་པ་རྣམས་དང་། རྒྱུད་སྡེ་ཆེན་པོ་དྲུག་དང་འབྲེ
ལ་བའི་ཡི་དམ་ཞི་ཁྲོ་རབ་འབྱམས། གནས་གསུམ
་གྱི་དཔའ་བོ་མཁའ་འགྲོ་ཆོས་སྐྱོང་སྲུང་མ་ནོར་ལྷ་ག
ཏེར་བདག་གི་ཚོགས་དང་བཅས་པ་སྤྲིན་ཕུང་པོ་ག

ཏིབས་པ་ལྟར་

བཞུགས་ཤིང་། དེ་ཐམས་ཅད་ཀྱང་གསལ་སྟོང

་ཟུང་འཇུག་ཚ་ཟླ་དང་འཇའ་

ཚོན་ལྟ་བུ་ཐ་མལ་གྱི་ཤེས་པ་རང་འགགས་སུ་འ

གྲོ་བས།

6、上師相應法

有三：初，建立資糧境

明觀虛空所遍一切，即自心境界所遍，凡自心境界所遍之一切刹土，凡庸執相普皆消歸法界，從中任運自現清淨廣大刹土殊勝色究竟天蓮花光明廣博宮殿㊸，規模、莊嚴、佈局無量無邊。觀自身住此宮中，體性為智海王母，相如金剛瑜伽母，身色紅亮，右手握鉞刀，左手托滿盛鮮血之托巴，左腋挾持卡杖嘎㊹，於蓮日屍墊上，以右直左微屈之式而立，天衣、人骨以為嚴飾。勝信恭敬之三目急切仰視上師心際。對面空中，十萬瓣雜色蓮花，上敷與蕊台等量之日月輪墊，墊上安坐總集皈依境體性之根本上師，相如鄔金海生金剛，膚色白紅光亮，八歲髫齡童相，二目深寂凝視。身上內著白色金剛密衣，其上依次著紅色襯衫，藍黑密咒舞衣，金花紋所嵌之紅色法衣，紫紅彩緞披風。一面二臂，右手持五股杵當胸（作鎮伏三有印亦可），左手作等住印，上托嘎巴拉[55]，嘎巴拉置有充滿無死智慧甘露之長壽寶瓶。左腋挾持密表佛母曼達拉哇[56]相之三尖卡杖嘎，頂戴五瓣蓮花柔和帽，怒帶笑容，具足相好，威光熾盛，二足國王遊戲坐。彩虹如帳籠罩。身週五光完網格幔中，有圓形虹光明點旋繞，明點界內，有根本上師密意大智慧遊戲所化之印度八大持明[57]，八十四瑜伽大自在者[58]，藏地大成就王臣二十五人[59]等印藏班智達[60]、成就者主持明地[61]眾，以及六大續部所屬之無量寂忿本尊，三處勇士空行男女護法，財神、庫主會眾，有如雲蘊而密佈。彼等悉為明空雙運，如水月，如虹霓，凡庸心識因而自然消釋。如是緣觀而誦：

ཨེ་མ་ཧོ༔ རང་སྣང་ལྷུན་གྲུབ་དག་པ་རབ་འབྱམས་ཞིང༌༔

唉瑪火　讓朗林智達巴熱嘉香，

唉瑪火　自現元成清淨周遍剎，

བཀོད་པ་རབ་རྫོགས་ཟངས་མདོག་དཔལ་རིའི་དབུས༔

果巴熱佐桑哆華惹威，

莊嚴圓滿銅色德山㉜中，

རང་ཉིད་རྗེ་བཙུན་རྡོ་རྗེ་རྣལ་འབྱོར་མ༔

讓尼吉贊多傑納覺爾瑪，

自成至尊金剛瑜伽母，

ཞལ་གཅིག་ཕྱག་གཉིས་དམར་གསལ་གྲི་ཐོད་འཛིན༔

夏吉夏尼瑪爾薩智妥增，

一面二臂紅亮持顱鉞，

ཞབས་གཉིས་རོལ་སྟབས་སྤྱན་གསུམ་ནམ་མཁར་གཟིགས༔

夏尼哆爾達堅松南卡絲，

二足舞姿三目視虛空，

སྤྱི་བོར་པདྨ་འབུམ་བརྡལ་ཉི་ཟླའི་སྟེང་༔

金烏貝瑪本達尼達當，

頂上十萬瓣蓮日月墊，

སྐྱབས་གནས་ཀུན་འདུས་རྩ་བའི་བླ་མ་དང་༔

嘉內更帝乍哇喇嘛當，

上坐無異化身蓮花生，

དབྱེར་མེད་མཚོ་སྐྱེས་རྡོ་རྗེ་སྤྲུལ་པའི་སྐུ༔

吉爾美措吉多傑智比格，

普攝皈依聖境根本師，

དཀར་དམར་མདངས་ལྡན་གཞོན་ནུའི་ཤ་ཚུགས་ཅན༔

嘎瑪當旦雲努夏次堅，

紅白光潤細嫩童子相，

ཕོད་ཁ་ཆོས་གོས་ཟ་བེར་འདུང་མ་གསོལ༔

普卡切格薩威爾冬瑪索，

身著長袍法衣披風等，

ཞལ་གཅིག་ཕྱག་གཉིས་རྒྱལ་པོ་རོལ་པའི་སྟབས༔

夏吉夏尼嘉波若比達，

一面二臂國王遊戲坐，

ཕྱག་གཡས་རྡོ་རྗེ་གཡོན་པས་ཐོད་བུམ་བསྣམས༔

夏伊多傑雲比妥布南，

右手持杵左托顱寶瓶，

དབུ་ལ་འདབ་ལྡན་པདྨའི་མཉེན་ཞུ་གསོལ༔

烏拉達旦貝瑪寧秀索，

頂戴五瓣蓮花柔和帽，

མཆན་ཁུང་གཡོན་ན་བདེ་སྟོང་ཡུམ་མཆོག་མ༔

千孔雲納帝冬優卻瑪，

左腋挾持樂空勝佛母，

སྦས་པའི་ཚུལ་གྱིས་ཁ་ཊྭཱཾ་རྩེ་གསུམ་བསྣམས༔

威比次吉卡扎資松南，

密表之相三尖卡杖嘎，

འཇའ་ཟེར་ཐིག་ལེ་འོད་ཕུང་ཀློང་ན་བཞུགས༔

嘉賽爾特列敖彭龍納秀，

虹霓明點光蘊界籠罩，

ཕྱི་འཁོར་འོད་ལྔའི་དྲྭ་བས་མཛེས་པའི་ཀློང༔

希科敖俄扎威資比龍，

外輪五彩網幔麗域內，

སྤྲུལ་པའི་རྗེ་འབངས་ཉི་ཤུ་རྩ་ལྔ་དང༔

智比吉榜尼希作俄當，

化身王臣二十五弟子，

རྒྱ་བོད་པཎ་གྲུབ་རིག་འཛིན་ཡི་དམ་ལྷ༔

嘉烏貝智仁增伊達拉，

印藏正士持明本尊眾，

མཁའ་འགྲོ་ཆོས་སྐྱོང་དམ་ཅན་སྤྲིན་ལྟར་གཏིབས༔

卡卓切君達堅貞達爾德，

空行護法具誓如雲布，

གསལ་སྟོང་མཉམ་གནས་ཆེན་པོའི་ངང་དུ་གསལ༔

薩冬娘內欽波俄都薩。

普皆現於明空大定中。

ཅེས་གསལ་བཏབ་ནས།

如是緣觀已，次念：

ཧཱུྃ༔ ཨོ་རྒྱན་ཡུལ་གྱི་ནུབ་བྱང་མཚམས༔

吽　鄔堅優吉努香叉，

吽　鄔金聖境西北隅，

པདྨ་གེ་སར་སྡོང་པོ་ལ༔

貝瑪格薩冬波拉，

雜色彩蓮花蕊上，

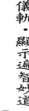

ཡ་མཚན་མཆོག་གི་དངོས་གྲུབ་བརྙེས༔

雅參卻格俄智尼，

獲證希有勝成就，

པདྨ་འབྱུང་གནས་ཞེས་སུ་གྲགས༔

貝瑪君內希蘇扎，

聖名號曰蓮花生，

འཁོར་དུ་མཁའ་འགྲོ་མང་པོས་བསྐོར༔

科都卡卓芒波果爾，

眾空行母周圍繞，

ཁྱེད་ཀྱི་རྗེས་སུ་བདག་བསྒྲུབ་ཀྱིས༔

切吉幾蘇達智吉，

我今隨尊而修持，

བྱིན་གྱིས་རློབ་ཕྱིར་གཤེགས་སུ་གསོལ༔

興吉龍希爾歇蘇索！

為加持故祈降臨！

གུ་རུ་པདྨ་སིདྡྷི་ཧཱུྃ༔

咕茹唄嗎悉地吽

༄༅། །ཞེས་ཚིག་བདུན་གསོལ་འདེབས་མོས་གུ

ས་ཀྱི་གདུང་ཞུགས་

དྲག་པོ་དང་བཅས་ཏེ་བསྐུལ་བས། ཟ་ཡབ་དཔ
ལ་རི་སྤྲུལ་པའི་ཞིང་ནས་ཨོ་རྒྱན་པདྨ་ཐོད་ཕྲེང་རྩལ་ག
སུམ་རྒྱལ་བ་རྒྱ་མཚོའི་ཚོགས་དང་བཅས་པ་ཏིལ་གྱི
་གོང་བུ་ཁ་ཕྱེ་བ་བཞིན་ལྷོ་ནུབ་ཀྱི་མཚམས་ནས་ ཡེ
ར་གྱིས་བྱོན་ཏེ་དམ་ཚིག་པ་དང་དབྱེར་མེད་རོ་གཅི
ག་ཏུ་འདྲེས་པར་བལྟའོ།

觀：以極其強烈信敬之誠誦上七句偈文而祈請故鄔金蓮花顱鬘三根本佛海聖眾，猶如芝麻莢裂然，從西北隅妙吉祥山化身國王㊿倏爾降臨，與三昧伊尊㊿融成一味。

༄༅། །གཉིས་པ་ཡན་ལག་བདུན་པ་འབུལ་བ
་ནི། རང་ལུས་བརྒྱ་སྟོང་གྲངས་མེད་པར་ སྤྲུལ་ཏེ
་དེ་རྣམས་དང་ལྷན་ཅིག་ཏུ་ཁམས་གསུམ་གྱི་སེམས
་ཅན་ཐམས་ཅད་ཀྱང་སྒོ་གསུམ་ གུས་པ་ཆེན་པོས་ཕྱུ

ག་འཚལ་བ་དང་། དངོས་སུ་བཤམས་པ་དང་། ཡི
ད་ཀྱིས་ཀུན་ཏུ་བཟང་པོའི་མཆོད་སྤྲིན་མཁའ་དབྱི
ངས་ཁྱབ་པར་སྤྲོས་ཏེ་མཆོད་པ་འབུལ་བ་དང་། ཚེ
་འཁོར་བ་ཐོག་མ་མེད་པ་ནས་སྒོ་གསུམ་གྱིས་བསག
ས་པའི་སྡིག་ལྟུང་ཐམས་ཅད་གནོང་འགྱོད་དྲག་པོ
ས་བཤགས་པས་ལྟེ་ཐོག་ཏུ་ནག་ཕུང་གིས་འདུས་པ
ར། ཚོགས་ཞིང་རྣམས་ཀྱི་སྐུ་གསུང་ཐུགས་ལས་འོད
་ཟེར་བྱུང་བ་ཕོག་པས་དྲི་མ་བཀྲུས་པ་བཞིན་དག་པ
ར་བསམས་ལ་ཕྱིས་མི་བྱེད་པར་གཉེན་པོས་བསྡམ
ས་ཏེ་བཤགས་པ་དང་། ཀུན་རྫོབ་དང་དོན་དམ་པ
འི་བདེན་པས་བསྡུས་པའི་འཁོར་འདས་ལམ་གསུམ
་གྱི་དགེ་བའི་རྩ་བ་ལ་དགའ་ཞིང་ཕྲག་དོག་མེད་པ
ར་ རྗེས་སུ་ཡི་རང་བ་དང་། ཕྱོགས་བཅུའི་རྒྱལ་བ
་སྲས་དང་བཅས་པ་ལ་ཉན་ཐོས་དང་། རང་རྒྱལ་ད

ང་། བྱང་ཆུབ་སེམས་དཔའི་ཐེག་པ་གསུམ་ལས་བ
རྣམས་ཏེ་ཆོས་ཀྱི་འཁོར་ལོ་བསྐོར་བར་བསྐུལ་བ་ད
ང་། འཁོར་བ་མ་སྟོང་བར་དུ་མྱ་ངན་ལས་མི་འདའ
་བར་གསོལ་བ་འདེབས་པ་དང་། དེ་ལྟར་བསགས
་པའི་དགེ་བའི་རྩ་བས་མཚོན་དུས་གསུམ་དུ་བསག
ས་པའི་དགེ་བའི་རྩ་བ་ཐམས་ཅད་སེམས་ཅན་ཐམ
ས་ཅད་སངས་རྒྱས་ཐོབ་པའི་རྒྱུར་ཡོངས་སུ་བསྔོ་བ
་སྟེ། ཡན་ལག་བདུན་གྱི་དམིགས་པ་རྣམས་དྲན་བ
ཞིན་པས་ཕྱག་དང་བཅས།

中，七支供養

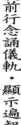

觀自化出百千無數之身，與三界一切有情一同三門竭誠恭敬作禮；實陳及意變之普賢供雲盈塞虛空而為供獻；生生世世無始以來，三門所集之一切罪墮以猛利羞愧追悔之心而懺故，於舌尖上聚為黑蘊，資量田聖眾身口意三處放光照射，如洗滌然，令得清淨，今後不復更作以為對治防護，如是而作懺悔；於真俗二諦所攝世、

出世、道三者之善根心生歡喜，了無嫉恨而隨喜；於十方諸佛佛子前，請轉聲聞、緣覺、菩薩三乘發輪；輪迴未空之間，祈請不入涅槃；如是所集之善根為導，將三世所聚之一切善根圓滿迴向一切有情，作為彼等成佛之因。如是緣思七支行境而作誦念：

ཧཱུྃ༔ བདག་ལུས་ཞིང་གི་རྡུལ་སྙེད་དུ༔

舍　達列香格都尼門，

舍　自身化為剎塵數，

རྣམ་པར་འཕྲུལ་པས་ཕྱག་འཚལ་ལོ༔

南巴爾赤比夏叉洛！

與諸眾生同作禮！

དངོས་བཤམས་ཡིད་སྤྲུལ་ཏིང་འཛིན་མཐུས༔

俄夏伊智當增特，

實陳意變禪定力，

སྣང་སྲིད་མཆོད་པའི་ཕྱག་རྒྱར་འབུལ༔

囊詩卻比夏嘉波，

萬有悉成呈印供，

སྒོ་གསུམ་མི་དགེའི་ལས་རྣམས་ཀུན༔

果松莫格列南更，

三門一切不善業，

འོད་གསལ་ཆོས་སྐུའི་ངང་དུ་བཤགས༔

敖薩切格俄都夏，

光明法身性中懺，

བདེན་པ་གཉིས་ཀྱིས་བསྡུས་པ་ཡི༔

登巴尼吉帝巴伊，

二諦所攝諸善資，

དགེ་ཚོགས་ཀུན་ལ་རྗེས་ཡི་རང༔

格措更拉吉伊讓，

無有嫉恨而隨喜，

རིགས་ཅན་གསུམ་གྱི་གདུལ་བྱ་ལ༔

仁堅松吉都夏拉，

三類種姓化機[65]前，

ཚིག་འདི་མཁྱེན་བརྩེའི་དབང་པོའི་ཞལ་སྐོང

（此句為欽則旺波所加）

ཐེག་གསུམ་ཆོས་འཁོར་བསྐོར་བར་བསྐུལ༔

乘松切科果哇爾格，

請轉三乘妙法輪，

ཇི་སྲིད་འཁོར་བ་མ་སྟོང་བར༔

吉詩科哇瑪冬哇爾，

生死輪迴無空間，

མྱ་ངན་མི་འདའ་བཞུགས་གསོལ་འདེབས༔

娘俄莫達秀索帝，

祈請常住不入滅，

དུས་གསུམ་བསགས་པའི་དགེ་རྩ་ཀུན༔

德松薩比格乍更，

三世所集諸善根，

བྱང་ཆུབ་ཆེན་པོའི་རྒྱུ་རུ་བསྔོ༔

香其欽波吉若俄！

迴向成大菩提因！

༄༅། །ཞེས་ལན་ཇི་ལྟར་རིགས་པར་བྱའོ།

如是隨宜誦數遍。

༄༅། །གསུམ་པ་གསོལ་བ་གདབ་ཅིང་དབང་བླང་བ་ནི། འདི་ལྟར་ཐར་པ་དང་ཐམས་ཅད་མཁྱེན་པའི་གོ་འཕང་ཐོབ་པ་ནི། རང་སེམས་ལྷན་ཅིག་སྐྱེས་པའི་ཡེ་ཤེས་རྟོགས་པ་ལ་རག་ལས་ཤིང་། རྟོགས་པ་སྐྱེ་བ་བླ་མའི་བྱིན་རླབས་དང་། བྱིན་རླབས་འཇུག་པ་མོས་གུས་ཀྱི་རྟེན་འབྲེལ་ཁོ་ན་ལ་རག་ལས་པས་ན། རང་གི་རྩ་བའི་བླ་མ་དེ་ཉིད་ཡོན་ཏན་གྱི་ངོས་ནས་སངས་རྒྱས་དང་མཉམ་ཞིང་། བཀའ་དྲིན་གྱི་ངོས་ནས་སངས་རྒྱས་ལས་ཀྱང་ཆེས་ཆེར་ལྷག་པར་ཐག་བཅད། ངེས་ཤེས་བསྐྱེད། བློ་སྙིང་བྲང་གསུམ་ལིང་གིས་གཏད་ལ། འདི་ནས་ཆུབ་མ་ཐོབ་ཀྱི་བར་དུ་སྙིང་སྡུག་ལེགས་ཉེས་ཅི་བྱུང་ཡང་ཁྱེད་ཁོ་ན་མཁྱེན་ནོ་སྙམ་པའི་རེ་ལྟོས་ལིང་བསྐྱུར་གྱི་ཚུལ་གྱིས་ལུས་ཀྱི་བ་སྤུ་གཡོ་བ། མིག་ནས་མཆི་མ་འཁྲུགས་པ། བློ་སྣ་བླ་མས་འཁྲོགས་པ། བསམ་རྒྱུ་བླ་མ

་ལས་མེད་པ། ལུས་སེམས་ཚུགས་མི་ཐུབ་པའི་མོས

་གུས་གདུང་ཤུགས་དྲག་པོས།

後，祈請，求受灌頂

夫解脫及一切智位之獲得，依仗自心俱生自然智之證悟；證悟之生起，有恃上師之加持；加持之入身，惟籍自之勝解恭敬因緣。是故，當如是生起決定知見：自之根本上師，功德等同於佛，而恩德較佛尤大。根本上師前，心肝肺腑完全交付，從今乃至未證菩提之間，苦樂喜惡無論何種生起，唯師遍知，祈師護念，一切希望盡皆寄交上師，身毛倒豎，目淚橫流，心念為師所導，除師以外，無餘所思。以身心不能承受之極大勝信恭敬之誠懇切誦念：

རྗེ་བཙུན་གུ་རུ་རིན་པོ་ཆེ༔

吉贊格惹仁波切，

至尊上師大珍寶，

ཁྱེད་ནི་སངས་རྒྱས་ཐམས་ཅད་ཀྱི༔

切尼桑傑塔堅吉，

汝乃諸佛之大悲，

ཐུགས་རྗེ་བྱིན་རླབས་འདུས་པའི་དཔལ༔

陀吉興拉德比華，

加持總集之吉祥，

སེམས་ཅན་ཡོངས་ཀྱི་མགོན་གཅིག་པུ༔

賽堅雲吉貢吉波，

眾生唯一之怙主，

ལུས་དང་ལོངས་སྤྱོད་བློ་སྙིང་བྲང༔

列當龍覺洛寧章，

身與受用心肺腑，

ཕྱོས་པ་མེད་པར་ཁྱོད་ལ་འབུལ༔

帝巴美巴爾喬拉波，

無有掛慮悉供汝，

འདི་ནས་བྱང་ཆུབ་མ་ཐོབ་བར༔

德內香其瑪妥哇爾，

從今乃至菩提間，

སྐྱིད་སྡུག་ལེགས་ཉེས་མཐོ་དམན་ཀུན༔

吉都拉尼妥曼更，

苦樂善惡卑尊等，

རྗེ་བཙུན་ཆེན་པོ་པད་འབྱུང་མཁྱེན༔

吉贊欽波貝君欽！

至尊蓮花大師知！

ཁ་ཙམ་མིན་པའི་ཅི་མཛད་ཁྱེད་ཤེས་ཀྱི་མཆན། ཅེ
ས་ཅི་ནུས་དང་།

非唯口說，如何施為，祈師鑒知。

如是盡力多誦。

བདག་ལ་རེ་ས་གཞན་ན་མེད༔

達拉熱薩燕納美，

我無其它希冀處，

ད་ལྟའི་དུས་ངན་སྙིགས་མའི་འགྲོ༔

達打德厄尼瑪卓，

當今惡世濁劫眾，

མི་བཟོད་སྡུག་བསྔལ་འདམ་དུ་བྱིང༔

莫索都俄達嘟香，

陷溺難忍苦泥中，

འདི་ལས་སྐྱོབས་ཞིག་མ་ཧཱ་གུ་རུ༔

德列覺希瑪哈格惹！

請垂救護大士尊！

དབང་བཞི་བསྐུར་ཅིག་བྱིན་རླབས་ཅན༔

旺伊格爾吉興拉堅！

賜四灌頂加持尊！

如是誦時，緣觀資糧田主眷聖眾悉從三處⑯依次同時放光，照觸自他一切有情，一切業障皆得清淨。

རྟོགས་པ་སྤྲོར་ཅིག་ཐུགས་རྗེ་ཅན༔

哆巴波爾吉陀吉堅，

令生證悟大悲尊，

སྒྲིབ་གཉིས་སྦྱོངས་ཞིག་ནུས་མཐུ་ཅན༔

智尼君希努土堅。

祈淨二障大力尊。

ཨོཾ་ཨཱཿཧཱུྃ་བཛྲ་གུ་རུ་པདྨ་སིདྡྷི་ཧཱུྃ།

嗡阿吽貝雜爾咕茹貝嗎悉地吽！

ནམ་ཞིག་ཚེ་ཡི་དུས་བྱས་ཚེ༔

南希次伊德希次，

何時壽盡命終際，

རང་སྣང་རྔ་ཡབ་དཔལ་རིའི་ཞིང༔

讓囊俄雅華惹香，

自現妙拂吉祥山，

ཟུང་འཇུག་སྤྲུལ་པའི་ཞིང་ཁམས་སུ༔

松吉智比香卡蘇，

雙運幻化刹土內，

གཞི་ལུས་རྡོ་རྗེ་རྣལ་འབྱོར་མ༔

伊列多傑那覺瑪，

身成金剛瑜伽母，

གསལ་འཚེར་འོད་ཀྱི་གོང་བུ་རུ༔

桑次敖吉貢烏若，

變為明淨耀光團，

ཀྱུར་ནས་རྗེ་བཙུན་པད་འབྱུང་དང༔

吉爾內吉贊貝君當，

與至尊師蓮花生，

དབྱེར་མེད་ཆེན་པོར་སངས་རྒྱས་ཏེ༔

吉爾美欽波桑傑帝，

融合為一而成佛，

བདེ་དང་སྟོང་པའི་ཆོ་འཕྲུལ་གྱིས༔

帝當冬比卻赤吉，

復於樂空神變力，

ཡེ་ཤེས་ཆེན་པོའི་རོལ་པ་ལས༔

伊希欽波若巴列，

無上智慧游戲中，

ཁམས་གསུམ་སེམས་ཅན་མ་ལུས་པ༔

卡松賽堅瑪列巴，

現為三界眾有情，

འདྲེན་པའི་དེད་དཔོན་དམ་པ་རུ༔

占比帝本達巴若，

最勝度身聖商主，

རྗེ་བཙུན་པདྨ་དབུགས་དབྱུང་གསོལ༔

吉贊貝瑪烏君索！

祈請蓮師賜撫慰！

གསོལ་བ་སྙིང་གི་དཀྱིལ་ནས་འདེབས༔

索哇寧格吉內帝，

我至誠懇以祈請，

ཁ་ཙམ་ཚིག་ཙམ་མ་ཡིན་ནོ༔

卡作次作瑪音努，

非惟空口空言詞，

བྱིན་རླབས་ཐུགས་ཀྱི་ཀློང་ནས་སྩོལ༔

興拉陀吉龍內佐，

祈從尊心賜加持，

བསམ་དོན་འགྲུབ་པར་མཛད་དུ་གསོལ༔

薩冬智巴爾作都索！

諸所願求令成辦！

ཞེས་ཚར་འོས་མཚམས་ཀྱི་རྗེས་སུ། གསོལ་འདེབས་རྒྱུད་སྐུལ་གྱི་རྣམ་འགྱུར།

如是誦隨宜量遍後，修祈禱敦請瑜伽。

ཨོཾ་ཨཱཿཧཱུྃ་བཛྲ་གུ་རུ་པདྨ་སི་དྡྷི་ཧཱུྃ༔

嗡阿吽　貝雜爾咕茹唄嗎希地吽！

༄༅། །ལ་ཆེག་སྒྲིལ་དུ་བྱ། དེའི་ཚེའང་། ཨོཾ
་ཨཱཿཧཱུྃ་ཞེས་རྡོ་རྗེ་གསུམ་གྱི་ས་བོན་གྱིས་ཐོག་དྲངས
་ཏེ། བཛྲ་ནི་མཚན་རྟོག་གི་སྤྲོས་པས་མི་ཕྱེད་པའི་ཕྱི
ར་ཆོས་ཀྱི་སྐུ་དང་། གུ་རུ་ནི་དེའི་ངང་ལས་ཁ་སྦྱོར
་ཡན་ལག་བདུན་དང་ལྡན་པའི་ཡོན་ཏན་གྱི་ཁུར་གྱི
ས་ལྕི་བས་ན་ལོངས་སྐུ། པདྨ་ནི་དེའང་སོ་སོར་རྟོ
གས་པའི་ཡེ་ཤེས་ཀྱི་རིག་མདངས་གསུང་པདྨའི་རི
གས་སུ་ཤར་བས་ན་ སྤྲུལ་སྐུ་སྟེ། དེ་ལྟ་བུའི་སྐུ་གསུ
མ་དབྱེ་མེད་པའི་བླ་མ་ཨོ་རྒྱན་ཆེན་པོའི་ཡོན་ཏན་རྗེ
ས་སུ་དྲན་པས། སེམས་ཀྱི་གཉིས་སྤྲོས་པ་དང་བྲལ
་བའི་རང་རྩལ་མོས་གུས་སུ་དུང་ངེ་བའི་ངང་ནས
་གསོལ་བ་གདབ་ཅིང་། དེ་ལྟར་གསོལ་བ་བཏབ
་པའི་མཐུ་ལས། སི་དྡྷི་སྟེ་མཆོག་ཐུན་མོང་གི་དངོས
་གྲུབ་ཐམས་ཅད་ཧཱུྃ་ཞེས་བདག་གི་ཤེས་རྒྱུད་ལ་དུས

·ད་ལྷ་ཉིད་དུ་སྐྱོལ་ཅིག་སྙམ་པའི་དོན་དྲན་པར་བྱ·བ་དང་། སྐབས་སུ་ཕྱི་སྣོད་ཀྱི་འཇིག་རྟེན་ཟངས་མདོག་དཔལ་རིའི་ཕོ་བྲང་། ནང་བཅུད་ཀྱི་སེམས་ཅན་ཨོ་རྒྱན་དཔའ་བོ་མཁའ་འགྲོའི་ཚོམ་བུ། སྒྲར་གྲགས་པ་ཐམས་ཅད་སྔགས་ཀྱི་རང་སྒྲ། གསང་བ་སེམས་ཀྱི་འཕྲོ་འདུ་རང་གྲོལ་བྱ་ལམ་རྗེས་མེད་དུ་ཤེས་པའི་ངང་ནས་བཟླས་པ་ལ་འབད། མཐར་ཚ་བརྒྱུད་ཀྱི་བླ་མ་རྣམས་ཀྱི་ཡོན་ཏན་དྲན་བཞིན་དུ་བརྒྱུད·པའི་ལ་འདེབས།

誦此咒時，亦當隨後如是思義：

ཨོཾ་ཨཱཿཧཱུྃ「嗡阿吽」者，是為金剛三種子字，以此起首。

བཛྲ「班雜爾」者，一切有相分別戲論不能使之分離故，是為法身。

གུ་རུ「咕茹」者，從法身性中負荷具足七支功德⑥⑦重任故，是為報身。

པདྨ「唄嗎」者，妙觀察智覺性光華現為語密蓮花種性故，是為化身。

憶念如是三身無分別之上師鄔金大寶之功德，以心性離戲之妙用生起極其勝解恭敬之誠而祈請。由此祈請之力，誦སི་དྡྷི「悉地」，指共不共之一切成就；誦ཧཱུྃ「吽」，指祈請即於此時垂賜與我之相續心上。如是作意。

誦念時，觀：外、器世界顯為銅色吉祥山宮殿；內、有情眾生悉為鄔金勇士空行會聚；一切聲響皆為咒音；密、心念之起伏，自然解脫，有如鳥飛無跡。如是住心而精進誦修。

最後，憶念歷代根本傳承上師之功德而念傳承祈請頌：

ཨེ་མ་ཧོཿ　རྒྱ་ཆད་ཕྱོགས་ལྷུང་བྲལ་བའི་ཞིང་ཁམས་ནས༔

唉瑪火　嘉恰肖龍扎威香卡內，

唉瑪火　超離偏袒界向剎土中，

དང་པོའི་སངས་རྒྱས་ཆོས་སྐུ་ཀུན་ཏུ་བཟང༔

當吾桑傑切格更都桑，

最初佛陀法身普賢王，

ལོངས་སྐུ་ཆུ་ཟླའི་རོལ་རྩལ་རྡོ་རྗེ་སེམས༔

龍格曲達若乍多傑賽，

水月遊戲報身金剛心，

སྤྲུལ་སྐུར་མཚན་རྫོགས་དགའ་རབ་རྡོ་རྗེ་ལ༔

智格參佐嘎熱多傑拉，

相好化身極喜金剛前，

གསོལ་བ་འདེབས་སོ་བྱིན་རླབས་དབང་བསྐུར་སྩོལ༔

索哇帝索興拉旺格爾佐！

祈請垂賜加持勝灌頂！

ཤྲཱི་སིངྷ་དོན་དམ་ཆོས་ཀྱི་མཛོད༔

希日森哈冬達切吉佐，

希日森哈勝義法庫藏，

འཇམ་དཔལ་བཤེས་གཉེན་ཐེག་དགུའི་འཁོར་ལོས་སྒྱུར༔

嘉華希寧乘格科洛吉，

文殊知識九乘轉輪王，

ཛྙཱ་ན་སུ་ཏྲ་པཎ་ཆེན་བི་མ་ལར༔

佳那蘇扎班欽比麻那，

佳那蘇扎大智比麻那，

གསོལ་བ་འདེབས་སོ་གྲོལ་བྱེད་ལམ་སྣ་སྟོན༔

索哇帝索卓希拉木納冬，

祈請垂示解脫之正道，

འཛམ་བུའི་གླིང་གི་རྒྱན་གཅིག་པདྨ་འབྱུང༔

扎烏林格堅吉貝瑪君，

瞻部唯一莊嚴蓮花生，

ངེས་པར་ཐུགས་ཀྱི་སྲས་མཆོག་རྗེ་འབངས་གྲོགས༔

厄巴爾陀吉舍卻吉榜卓，

決定心子殊勝王臣友[68]

ཐུགས་གཏེར་རྒྱ་མཚོའི་བདག་འགྲོལ་ཀློང་ཆེན་ཞབས༔

陀帝爾嘉措達卓隆欽夏，

詮解意庫大海隆欽巴，

མཁའ་འགྲོའི་དབྱིངས་མཛོད་བཀའ་བབས་འཇིགས་མེད་གླིང༔

卡卓央佐嘎哇傑美林，

領乘空行界藏傑美林，

གསོལ་བ་འདེབས་སོ་འབྲས་བུ་ཐོབ་གྲོལ་སྩོལ༔

索哇帝索遮烏妥卓佐！

請賜能得佛果證解脫！

ཁ་སྐོང་ནི།

以下增補者：

།གསང་བདག་དཔའ་བོ་ཀུན་བཟང་གཞན་ཕན་དཔལ།

桑達華烏更桑燕盤華，

密主勇士普賢利他尊，

།དུས་མཉམ།

同時者

སྤྱན་རས་གཟིགས་དངོས་རྒྱལ་བའི་མྱུ་གུ་དང་།

堅熱絲俄嘉威紐格當，

真實觀音佛陀之苗芽，

།ཆོས་ཀྱི་སྤྱན་མངའ་དྲི་མེད་བློ་གྲོས་ཞབས།

切吉堅俄智美洛卓夏，

妙具法眼無垢智慧尊⑲，

དུས་མཉམ་

同時者

བཀའ་བབས་བདུན་ལྡན་རྡོ་རྗེ་གཟི་བརྗིད་ལ།

嘎哇登旦多傑詩傑拉，

具七教承[70]金剛威光前[71]，

།གསོལ་བ་འདེབས་སོ་སྣང་བཞི་མཐར་ཕྱིན་ཤོག།

索哇帝索囊伊塔爾興肖！

祈請願證四境[72]到究竟！

།རིག་འཛིན་འགྲོ་འདུལ་དཔའ་བོ་རྡོ་རྗེ་དང་།

仁增卓都華烏多傑當，

持明調生勇士金剛尊[73]，

།རྒྱལ་སྲས་རིག་འཛིན་རྡོ་རྗེ་རབ་བརྟགས་རྩལ།

嘉舍仁增多傑熱俄乍，

佛子持明金剛美嘉力[74]，

།ཐུབ་བསྟན་པདྨ་ཕྲིན་ལས་དཔལ་བཟང་པོ།

土旦貝瑪赤列華桑波，

佛法蓮花事業吉祥賢[75]，

།གསོལ་བ་འདེབས་སོ་དོན་གཉིས་ལྷུན་གྲུབ་ཤོག།

索哇帝索冬尼林智肖！

祈願二利任運得成就！

༄༅། །ཞེས་སྐྱབས་རྗེ་རྣམ་གཉིས་ལས་ཁོ་བོས་བཀའ་དྲིན་ཐོབ་སྔ་ཕྱིའི་བབས་ལྟར་ཁ་སྐོང་ངོ་། །

我於二位救主⑯前蒙恩甚大，

故依先後次序特增補之。

སྲིད་ལས་ངེས་པར་འབྱུང་བའི་ཞེན་ལོག་གིས༔

詩列厄巴爾君威興洛格，

由生厭惡三有出離心，

རྡོ་རྗེ་བླ་མ་དོན་ལྡན་མིག་བཞིན་བསྟེན༔

多傑喇嘛冬旦莫音旦，

如眼依止具義金剛師，

ཅི་གསུང་བཀའ་བསྒྲུབ་ཟབ་མོའི་ཉམས་ལེན་ལ༔

吉松嘎智薩姆娘林拉，

於甚深道生圓諸修法，

ལྷེམ་རྒྱང་མེད་པའི་བསྒྲུབ་ཚུགས་ཞེ་དྲུས་ཀྱིས༔

帝江美比智次希若吉，

不緊不鬆依教勤奮行，

ཐུགས་རྒྱུད་དགོངས་པའི་བྱིན་རླབས་འཕོ་བར་ཤོག༔

陀吉貢比興拉普哇爾肖！

佛心密意加持願降臨！

སྣང་སྲིད་འཁོར་འདས་ཡེ་ནས་འོག་མིན་ཞིང་༔

囊詩科帝伊內敖門香，

輪涅諸有本是有頂刹，

ལྷ་སྔགས་ཆོས་སྐུར་དག་རྫོགས་སྨིན་པའི་འབྲས༔

拉俄切格達佐閔比遮，

佛、咒、法身淨、圓、異熟果，

སྤང་བླང་བྱ་རྩོལ་མེད་པའི་རྫོགས་པ་ཆེ༔

榜朗夏佐美比佐巴切，

遠離取捨無修大圓滿，

ཤེས་ཉམས་ཡིད་དཔྱོད་ལས་འདས་རིག་པའི་གདངས༔

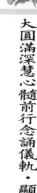

希娘伊肖列帝仁比當，

超越心識計度覺性光，

ཆོས་ཉིད་མངོན་སུམ་རྗེན་པར་མཐོང་བར་ཤོག༔

切尼俄松金巴爾同哇爾肖！

法性現量赤露願得見！

མཚན་མའི་རྟོག་པ་རྣམ་གྲོལ་འཇའ་ཟེར་སྦུབས༔

參米哆巴南卓嘉賽爾波，

解脫執相分別虹光孔，

སྐུ་དང་ཐིག་ལེའི་ཉམས་སྣང་གོང་དུ་འཕེལ༔

格當特列娘囊貢都帕，

身與明點悟境願增長，

རིག་རྩལ་ལོངས་སྐུའི་ཞིང་ཁམས་ཚད་ལ་ཕེབས༔

仁乍龍格香卡叉拉帕，

明覺達量已成報身剎，

ཆོས་ཟད་བློ་འདས་ཆེན་པོར་སངས་རྒྱས་ཏེ༔

切薩洛帝欽波桑傑帝，

法盡離心究竟成正覺，

གཞོན་ནུ་བུམ་སྐུར་གཏན་སྲིད་ཟིན་པར་ཤོག༔

雲努本格旦詩省巴爾肖！

願證無死童瓶常住身！

ཤིན་ཏུ་རྣལ་འབྱོར་ཉམས་འོག་མ་ཆུད་དེ༔

興都納覺爾娘敖瑪曲帝，

若於阿底瑜伽[77]不通達，

རགས་ལུས་དྭངས་མའི་དབྱིངས་སུ་མ་གྲོལ་ན༔

惹列當米央蘇瑪卓那，

明澈界中粗身未解脫，

ནམ་ཞིག་ཚེ་ཡི་འདུ་བྱེད་བསྡུང་བའི་ཚེ༔

南希次伊都希當威次，

何日壽盡捨報而死時，

འཆི་བ་འོད་གསལ་ཀ་དག་ཆོས་སྐུར་ཤར༔

其哇敖薩嘎達切格爾夏爾，

死有光明本淨法身現，

བར་དོའི་སྣང་ཆ་ལོངས་སྤྱོད་རྫོགས་སྐུར་གྲོལ༔

哇爾哆囊恰龍覺佐格卓，

中陰境象報身中解脫，

ཁྲིགས་ཆོད་ཐོད་རྒལ་ལམ་གྱི་རྩལ་རྫོགས་ནས༔

徹卻妥噶拉木吉乍佐內，

徹卻妥噶妙道功圓滿，

མ་པང་བུ་འཇུག་ལྟ་བུར་གྲོལ་བར་ཤོག༔

瑪榜烏吉達吾爾卓哇肖！

猶如子入母懷願解脫！

གསང་ཆེན་འོག་གསལ་ཐེག་པ་མཆོག་གི་རྩེ༔

桑欽敖薩乘巴卻格資，

大密殊勝光明乘之頂，

སངས་རྒྱས་གཞན་ནས་མི་འཚོལ་ཆོས་སྐུའི་ཞལ༔

桑傑燕內莫措切格夏，

不求他佛法身本面現，

མངོན་གྱུར་གདོད་མའི་ས་ལ་མ་གྲོལ་ན༔

俄吉爾哆米薩拉瑪卓那，

若於原始本地未解脫，

མ་བསྒོམ་སངས་རྒྱས་ཆོས་ལྔའི་ལམ་མཆོག་ལ༔

瑪果桑傑切俄拉木卻拉，

依止不修成佛五勝法⑺⑻

བརྟེན་ནས་རང་བཞིན་སྤྲུལ་པའི་ཞིང་ལྔ་དང་༔

登內讓音智比香厄當。

往生自性化身五佛剎⑺⑼。

ཁྱད་པར་པདྨ་འོད་ཀྱི་ཕོ་བྲང་དུ༔

恰巴爾貝瑪敖吉普章都，

特別蓮花光明宮殿內，

རིག་འཛིན་རྒྱ་མཚོའི་གཙོ་མཆོག་ཨོ་རྒྱན་རྗེས༔

仁增嘉措佐卻鄔堅吉，

持明大海勝主鄔金王，

གསང་ཆེན་ཆོས་ཀྱི་དགའ་སྟོན་འགྱེད་པའི་སར༔

桑欽切吉嘎冬傑比薩爾，

所設大密法之宴筵處，

སྲས་ཀྱི་ཐུ་བོར་སྐྱེས་ནས་དབུགས་དབྱུང་སྩེ༔

舍吉土烏爾傑內鄔君帝，

願為上首弟子得安慰，

མཐའ་ཡས་འགྲོ་བའི་ཉེར་འཚོར་བདག་འགྱུར་ཤོག༔

塔伊卓威尼爾措達吉肖！

施作無邊有情培育者！

རིག་འཛིན་རྒྱལ་བ་རྒྱ་མཚོའི་བྱིན་རླབས་དང༔

仁增嘉哇嘉措興拉當，

祈以持明佛海之加持，

ཆོས་དབྱིངས་བསམ་མི་ཁྱབ་པའི་བདེན་པ་ཡིས༔

切央薩莫恰比登巴伊，

法界不可思議真實力，

དལ་འབྱོར་རྟེན་ལ་རྫོགས་སྨིན་སྦྱངས་གསུམ་གྱི༔

達覺爾登拉佐閔江松吉，

暇滿人身圓熟淨三緣，

རྟེན་འབྲེལ་མངོན་གྱུར་སངས་རྒྱས་ཐོབ་པར་ཤོག༔

登遮俄吉爾桑傑妥巴肖！

俾令會合證成妙覺位！

༄༅། །ཅེས་སྨོན་ལམ་དང་བཅས་པ་མོས་གུས་གདུང་ཤུགས་དྲག་པོ་བྱས་པས་འཁོར་རྣམས་རྩ་བའི་བླ་མ་ལ་ཐིམ། བླ་མ་སྐྱབས་གནས་ཀུན་འདུས་ཀྱི་ངོ་བོར་བཞུགས་པ་ལས་དབང་བཞི་ངག་འདོན་གྱི་དཀྱུས་ནས་གསལ་བ། 3 གུ་རུའི་སྨིན་མཚམས་ནས་ཨོཾ་ཡིག་ཆུ་ཤེལ་ལྟ་བུར་འཚེར་བ་ལས་འོད་ཟེར་འཕྲོས། རང་གི་སྤྱི་བོ་ནས་ཞུགས། ལུས་ཀྱི་ལས་ད

ང་རྩ་ཡི་སྒྲིབ་པ་དག། སྐུ་རྡོ་རྗེའི་བྱིན་རླབས་ཞུགས།
བུམ་པའི་དབང་ཐོབ། བསྐྱེད་རིམ་གྱི་སྣོད་དུ་གྱུར།
རྣམ་སྨིན་རིག་འཛིན་གྱི་ས་བོན་ཐེབས། སྤྲུལ་སྐུའི
་གོ་འཕང་ཐོབ་པའི་སྐལ་བ་རྒྱུད་ལ་བཞག །མགྲིན
་པ་ནས་ཨཱཿཡིག་པདྨ་རཱ་ག་ལྟར་འབར་བ་ལས་འོད
་ཟེར་འཕྲོས། རང་གི་མགྲིན་པ་ནས་ཞུགས། ངག
་གི་ལས་དང་རླུང་གི་སྒྲིབ་པ་དག གསུང་རྡོ་རྗེའི
་བྱིན་རླབས་ཞུགས། གསང་བའི་དབང་ཐོབ། བ
ཟླས་བརྗོད་ཀྱི་སྣོད་དུ་གྱུར། ཚེ་དབང་རིག་འཛིན་གྱི
་ས་བོན་ཐེབས། །ལོངས་སྤྱོད་རྫོགས་སྐུའི་གོ་འཕ
ང་གི་སྐལ་བ་རྒྱུད་ལ་བཞག །ཐུགས་ཀའི་ཧཱུྃ་ཡིག་ན
མ་མཁའི་མདོག་ཅན་ལས་འོད་ཟེར་འཕྲོས། རང
་གི་སྙིང་ག་ནས་ཞུགས། ཡིད་ཀྱི་ལས་དང་ཐིག་ལེའི
་སྒྲིབ་པ་དག །ཐུགས་རྡོ་རྗེའི་བྱིན་རླབས་ཞུགས།

ཤེས་རབ་ཡེ་ཤེས་ཀྱི་དབང་ཐོབ། བདེ་སྟོང་ཙཎྜ་ལིའི་སྣོད་དུ་གྱུར། ཕྱག་རྒྱའི་རིག་འཛིན་གྱི་ས་བོན་ཐེབས། ཆོས་སྐུའི་གོ་འཕང་གི་སྐལ་བ་རྒྱུད་ལ་བཞག །སླར་ཡང་ཐུགས་ཀའི་ཧཱུྃ་ལས་ཧཱུྃ་ཡིག་གཉིས་པ་ཞིག་སྐར་མདའ་འཕངས་པ་བཞིན་དུ་ཆད། རང་སེམས་དང་ཐ་དད་མེད་པར་འདྲེས། ཀུན་གཞིའི་ལས་དང་ཤེས་བྱའི་སྒྲིབ་པ་སྦྱངས། ཡེ་ཤེས་རྡོ་རྗེའི་བྱིན་རླབས་ཞུགས། ཚིག་གིས་མཚོན་པ་དོན་དམ་གྱི་དབང་ཐོབ། ཀ་དག་རྫོགས་པ་ཆེན་པོའི་སྣོད་དུ་གྱུར། ལྷུན་གྲུབ་རིག་འཛིན་གྱི་ས་བོན་ཐེབས། མཐར་ཐུག་གི་འབྲས་བུ་ངོ་བོ་ཉིད་སྐུའི་སྐལ་བ་རྒྱུད་ལ་བཞག་གོ། 4། དེ་ལྟར་འདོན་སྒོམ་ཟུང་དུ་འཇུག་པས་དབང་བླངས་རྗེས་བླ་མའི་སྐུ་གསུང་ཐུགས་དང་རང་གི་སྒོ་གསུམ་དབྱེར་མེད་དུ་བསྲེས་ཏེ་རང་ སེམས་རིག་སྟོང

ང་རྗེན་པ་སྐད་ཅིག་མའི་ངང་མདངས་བསྐྱངས་ན
ས་བཟླས་པ་བྱ། ཐུན་བསྡུ་བ་ན། ༔ནམ་ཞིག་ཚེ
་ཡི་དུས་བྱས་ཚེ༔ གོང་དུ་སོང་བ་འདིར་བླང་།
སོགས་བརྗོད་པ་དང་ཆབས། །གཅིག་རྫོགས་རིམ
་བསྡུ་བའི་དམིགས་པ་ནི། བླ་མ་ལ་གདུང་བ་དྲག
་པོའི་རྐྱེན་གྱིས་བདག་ཉིད་ལ་ཐུགས་རྗེའི་འཇུག་པ
ས་ལྷུག་པར་དགོངས་ཏེ། ཞལ་འཛུམ་པ་དང་སྤྱན
་རྗེས་ཆགས་སུ་གཡོ་བར་གསལ་ལ།[6]བླ་མའི་ཐུགས
་ཀ་ནས་འོད་ཟེར་དམར་པོ་དྲོད་དང་བཅས་པ་ཞིག
་ཕྱལ་གྱིས་བྱུང་བ་བདག་ཉིད་རྣལ་འབྱོར་མར་གས
ལ་བའི་སྙིང་གར་རེག་པ་ཙམ་གྱིས་འོད་དམར་གྱི་གོ
ང་བུ་ཞིག་ཏུ་གྱུར་ནས་གུ་རུ་རིན་པོ་ཆེའི་ཐུགས་ཀར
་ཐིམ་པས་དབྱེར་མེད་རོ་གཅིག་ཏུ་གྱུར། ཅེས་དེའི
་ངང་དུ་ཅི་གནས་སུ་བཞག་སྟེ། སླར་འཕོ་ལྡང་རྒྱུན

་འཁྲིར་ཁྲིགས་སྐྱེབས་ལྷུར་བྱོན། །དེ་ལས་ལྷུང་བ
འི་ཚེ་དྭངས་པའི་ཆུ་ལས་ཉ་འཕར་བ་བཞིན་གཞི་ལུ
ས་ཞིང་ཁམས་ཀྱི་བཀོད་པ་དང་བཙས་སྤུར་བཞིན
་གསལ་ལ།

如是以極其猛利解勝恭敬殷切之誠而祈願故，觀資糧田眷屬悉化光融入根本上師，根本上師成為總集一切皈依境之體性而住。如是觀明，同時誦求受四部灌頂儀。觀：

上師眉間有「嗡」字如水晶般明亮，從彼放光，入我之頂，身業與脈障得以清淨，佛之身金剛加持入身，得瓶灌頂，成為生起次第之法器，獲異熟持明⑧⓪之種子，化身成就之緣於自續中安住。

上師喉間有「阿」字如紅蓮寶石般紅亮，從彼放光，入我之喉，語業與氣障得以清淨，佛之語金剛加持入身，得密灌頂，成為念誦法器，獲壽自在持明⑧①之種子，圓滿報身成就之緣於自續中安住。

上師心間有「吽」字如碧空之色，從彼放光，入我心際，意業與明點障得以清淨，佛之意金剛加持入身，得智慧灌頂，成為樂空旃扎利法器，獲手印持明[82]之種子，法身成就之緣於自續中安住。

復次從上師心間「吽」字放出第二「吽」字，有如流星殞落然入自心，與自心識融為一體，藏識之業與所知障得以清淨，佛之本智金剛加持入身，得詞句所示勝義灌頂，成為本淨大圓滿法器，獲圓成持明[83]之種子，究竟之果體性身[84]成就之緣於自續中安住。

如是誦修雙運而受灌頂已，上師之身語意與自之三門無二無別而成一體，保住如是自心覺空赤裸剎那所顯之光輝而誦修。

結歸者，於此處如前而誦「何時壽盡命終際……」等偈，同時作圓滿次第收攝觀想：以於上師具足竭誠之故，上師於我心生悲潛而增上垂念，面現微笑，蓮目開啟，露慈愛相。故而從上師心間突然放出溫暖紅光射入自身所顯之瑜伽母心中，僅一照觸之際，自即化為紅光蘊團而融入上師大寶心內，和合而成一味。

即此境中隨力而住。

於此處當加修頗瓦遷識常修儀軌。

從上住境中起時，如魚躍水然，而建立根身國土等一如前儀。

།དཔལ་ལྡན་རྩ་བའི་བླ་མ་རིན་པོ་ཆེ།

華旦作威喇嘛仁波切，

吉祥根本上師大珍寶，

།བདག་གི་སྙིང་གར་པདྨའི་གདན་བཞུགས་ལ།

達格寧嘎爾貝瑪旦秀拉，

我之心蓮墊上請安住，

།བཀའ་དྲིན་ཆེན་པོའི་སྒོ་ནས་རྗེས་བཟུང་སྟེ།

嘎貞欽波果內吉松帝，

大恩大德祈請哀攝受，

སྐུ་གསུང་ཐུགས་ཀྱི་དངོས་གྲུབ་རྩལ་དུ་གསོལ།

格松陀吉俄智作都索！

賜予三密身語意悉地！

།དཔལ་ལྡན་བླ་མའི་རྣམ་པར་ཐར་པ་ལ།

華旦喇嘛南巴爾塔爾巴拉，

於我具德上師之事蹟，

།སྐད་ཅིག་ཙམ་ཡང་ལོག་ལྟ་མི་སྐྱེ་ཞིང་།

嘎幾作央洛達莫傑香，

一刹那間亦不生邪見，

།ཅི་མཛད་ལེགས་པར་མཐོང་བའི་མོས་གུས་ཀྱིས།

吉乍拉巴爾同威米格吉，

隨其所作咸生勝解敬，

།བླ་མའི་བྱིན་རླབས་སེམས་ལ་འཇུག་པར་ཤོག

喇嘛興拉賽拉吉巴爾肖！

祈願上師加持入我心！

།སྐྱེ་བ་ཀུན་ཏུ་ཡང་དག་བླ་མ་དང་།

傑哇更都央達喇嘛當，

祈願世世於諸清淨師，

།འབྲལ་མེད་ཆོས་ཀྱི་དཔལ་ལ་ལོངས་སྤྱོད་ཅིང་།

扎美切吉華拉龍覺江，

永不分離受用法吉祥，

།ས་དང་ལམ་གྱི་ཡོན་ཏན་རབ་རྫོགས་ནས།

薩當拉木吉雲旦熱佐內，

地道[85]功德善妙而圓滿，

།རྡོ་རྗེ་འཆང་གི་གོ་འཕང་མྱུར་ཐོབ་ཤོག

多傑強格果帕紐爾妥肖！

急速證成金剛持佛位！

|སྐྱེ་ཞིང་སྐྱེ་བ་དག་ནི་ཐམས་ཅད་དུ།

傑香傑哇達尼塔堅都，

生生世世願具善種姓，

|རིགས་བཟང་བློ་གསལ་ང་རྒྱལ་མེད་པ་དང་།

仁桑洛薩尼嘉美巴當，

慧根明淨遠離於我慢，

|སྙིང་རྗེ་ཆེ་ཞིང་བླ་མ་ལ་གུས་ལྡན།

寧吉切香喇嘛拉格旦，

心地慈悲恭敬勝上師，

|དཔལ་ལྡན་བླ་མའི་དམ་ཚིག་ལ་གནས་ཤོག

華旦喇嘛達次拉內肖！

願常住於上師三昧耶！

|དཔལ་ལྡན་བླ་མའི་སྐུ་ཚེ་བརྟན་པ་དང་།

華旦喇嘛格次旦巴當，

祈願吉祥上師壽永固，

|མཁའ་མཉམ་ཡོངས་ལ་བདེ་སྐྱིད་འབྱུང་བ་ཡི།

卡娘雲拉帝金君哇伊，

等空眾生遍皆得福樂，

།བདག་གཞན་མ་ལུས་ཚོགས་བསགས་སྒྲིབ་སྦྱངས་ནས།

達燕瑪列措薩智江內，

祈願自他無餘有情眾，

།མྱུར་དུ་སངས་རྒྱས་ས་ལ་འགོད་པར་ཤོག

紐爾都桑傑薩拉果巴爾肖！

障淨資圓迅疾成正覺！

།བླ་མ་སྐུ་ཁམས་བཟང་བར་གསོལ་བ་འདེབས།

喇嘛格康桑哇爾索哇帝！

祈願上師法體永安康！

།མཆོག་ཏུ་སྐུ་ཚེ་རིང་བར་གསོལ་བ་འདེབས།

卻都格次仁哇爾索哇帝！

祈願上師壽元綿綿長！

།ཕྲིན་ལས་དར་ཞིང་རྒྱས་པར་གསོལ་བ་འདེབས།

赤列達爾香吉巴爾索哇帝！

祈願上師事業極興旺！

།བླ་མ་དང་འབྲལ་བ་མེད་པར་བྱིན་གྱིས་རློབས།

喇嘛當扎哇美巴爾興吉龍！

常隨上師不離祈加持！

༄༅། །ཅེས་གསོལ་འདེབས་བསྔོ་སྨོན་སྤྱི་དང་བཟང་མཛོད་དཔལ་རིའི་སྨོན་ལམ་དཔལ་རིའི་གསེར་ལམ་ཀུང་གདབ། ཐུན་མཚམས་རྣམས་སུ། ཐུན་མོང་ཁྱེར་སོ་གསུམ་གྱི་རྣལ་འབྱོར་བཟླས་དམིགས་ཀྱི་སྐབས་སུ་བཤད་པ་བཞིན་དང་། ཁྱད་པར་བཟའ་བཏུང་གི་ཕུད་བདུད་རྩིའི་རང་བཞིན་དང་། གོས་ལྷ་རྫས་ཀྱི་ན་བཟའ་བསམས་ལ་སྤྱི་བོའི་བླ་མ་ལ་འབུལ།

ཚོགས་དྲུག་གི་སྣང་བར་བཟང་ངན་ལེགས་ཉེས་གང་ཤར་ཡང་ཐ་མལ་གྱི་རྟོག་པའི་རྗེས་སུ་མི་འབྲང་བར་ལྷ་སྔགས་ཡེ་ཤེས་ཀྱི་རིག་མདངས་རྒྱུན་བསྐྱང་། ནུབ་མོ་ཉལ་བའི་ཚེ་རང་གཞན་ཐམས་ཅད་ཀྱི་དོན་དུ་གསོལ་འདེབས་བསམ་པ་ལྷུན་གྲུབ་མ་དང་། ཁྱད་པར་སྐུ་གསུམ་ཞིང་ཁམས་སྦྱོང་བའི་སྨོན་ལམ་གྱི

་མཐར། སྤྱི་བོའི་བླ་མ་ཚངས་པའི་བུ་ག་ནས་མར་ཡེ
ར་གྱིས་ཐིམ་ནས། རང་གི་སྙིང་པདྨ་འདབ་བཞིའི
་རྣམ་པར་གནས་པའི་ནང་དུ་ཐིམ། དེའི་འོད་ཟེར
་གྱིས་རང་ལུས་ཀྱི་ནང་ཐམས་ཅད་གང་བའི་གསལ
་ལམ་མེ་བ་ལ་སེམས་གཏད་དེ། བླ་མའི་ཐུགས་དང
་རང་སེམས་དབྱེར་མེད་དུ་བསྲེས་པའི་ངང་ཉམས
་ལེན་གྱི་རྒྱུན་བསྐྱངས་ཏེ་གཉིད་ལོག་པའམ་ཡང་ན
་འོད་ཟེར་དེས་ཕྱི་སྣོད་ཀྱི་འཇིག་རྟེན་གཞལ་ཡས་ཁ
ང་དུ་གསལ་བ་ལ་ཐོག་པས་ལན་ཚྭ་ཆུར་བཅུག་པ་བ
ཞིན་འོད་དུ་ཞུ། ནང་བཅུད་སེམས་ཅན་ལྷར་གསལ
་བ་ལ་ཐིམ། དེ་རང་ལ་ཐིམ། རང་སྙིང་གའི་བླ་མ་ལ
་ཐིམ། དེའང་མི་དམིགས་པ་འོད་གསལ་དུ་སྦྱངས
་པའི་སྣང་བ་ནང་གསལ་རིག་སྟོང་རྗེན་པ་ཐིམ་ལ་མ
་རྨུགས་པའི་ངང་དུ་རྣམ་རྟོག་གཞན་གྱིས་བར་མ་ཆོ

ད་པར་ཁམས་གསོ། གལ་ཏེ་སད་ན་འཕྲོ་ཆོད་རྒྱུ་འ
ཁྱམས་རྨི་ལམ་སོགས་བསམ་གཞིག་གི་འཕྲོ་བཅད
་དེ་འོད་གསལ་གྱི་ངང་མདངས་ཁྱབ་བརྫལ་དུ་བསྐྱུ
ངས་པས་གཉིད་ཀྱི་འོད་གསལ་དང་རྨི་ལམ་ཟིན་པ
ར་འགྱུར་ལ། སླར་ཡང་ཐོ་རངས་ལྡང་བའི་རྣལ་འ
བྱོར་སོགས་ཇི་སྐད་བཤད་པ་བཞིན་ཐུན་བཞི་ སོག
ས་སུ་ཉམས་སུ་བླང་ངོ་། །གཞན་ཡང་ནམ་འཆི་བའི
་དུས་ལ་བབ་པའི་ཚེ། རྫོགས་རིམ་བསྡུ་བའི་དམིག
ས་པ་དང་བཅས་དབྱིངས་རིག་བསྲེས་ཏེ་མཉམ་པ
ར་བཞག་པ་ནི་འཕོ་བ་ཐམས་ཅད་ཀྱི་རྒྱལ་པོ་ཡིན་ཅི
ང། གལ་ཏེ་འཕོ་བ་མ་ཐེབས་ན་བར་དོར་ཁྲིར་སོ
་གསུམ་གྱི་རྣལ་འབྱོར་དྲན་པས་གྲོལ་བར་འགྱུར་ལ།
མདོར་ན་མོས་གུས་དང་དམ་ཚིག་རྣམ་པར་དག་པ
ས་སྨོན་འགྲོའི་ལམ་འདི་ཁོ་ན་མཐར་ཕྱིན་པས་ཀྱང

་དངོས་གཞི་ལ་མི་སྤྲོས་པར་ཛ་ཡབ་དཔལ་གྱི་རི་བོར
་དབུགས་དབྱུང་། དག་པའི་ཞིང་ཁམས་དེར་རིག
་འཛིན་རྣམ་པ་བཞིའི་ལམ་ཉེ་ཟླའི་བགྲོད་པ་ལས་ཀྱ
ང་མྱུར་བས་ཀུན་ཏུ་བཟང་པོའི་ས་ལ་ཕྱིན་པར་འགྱུ
ར་བ་ནི་ངེས་པའོ། དེ་ལྟ་བུའི་སྔོན་འགྲོའི་ཚུལ་ལ
་ཉམས་མྱོང་སྐྱེས་པ་ན། རིམ་གྱིས་དངོས་གཞིར་བུ
མ་དབང་གི་ལམ་རིག་འཛིན་ཞི་དྲག་གི་བསྐྱེད་རིམ།
གསང་དབང་གི་ལམ་རླུང་དང་གཏུམ་མོ། ཤེར་ད
བང་གི་ལམ་སྦས་དོན་ཐབས་ལམ། དབང་བཞི་པའི
་ལམ་ཁྲེགས་ཆོད་ཐོད་རྒལ་ཡན་ལག་དང་བཅས་པ
་རྣམས་ལ་ཉམས་ལེན་སྙིང་པོར་དྲིལ་ནས་ཚེ་གཅིག
་གིས་ཟུང་འཇུག་རྡོ་རྗེ་ འཛིན་པའི་གོ་འཕང་མངོན
་དུ་བརྙེས་པའི་ཐབས་ལ་འབད་པར་བྱའོ། །ཞེས་བ
རྫོད་པ་ཆེན་པོ་ཀློང་ཆེན་སྙིངཐིག་གི་སྔོན་འགྲོའི་ང

ག་འདོན་རྣམ་མཁྱེན་ལམ་བཟང་རྒྱུན་དུ་ཉམས་སུ་བླང་བའི་སྐབས་ཉེ་བར་མཁོ་བའི་དམིགས་རིམ་ཁྲུང་གསལ་སྙིང་པོར་དྲིལ་བ་འདིའང་། ལམ་འདིར་འཇུག་པའི་དང་པོའི་ལས་ཅན་རྣམས་ལ་ཕན་པའི་བསམ་པ་ཁོ་ནས་ཁྲིད་ཡིག་ལེ་ཚན་དང་བླ་མ་རྣམས་ཀྱི་ཞལ་ལུང་ཇི་ལྟ་བར། ཀུན་མཁྱེན་བླ་མ་དགྱེས་པའི་འབངས་མཁྱེན་བརྩེའི་དབང་པོས་སྦྱར་བའི་དགེ་བས་འགྲོ་ཀུན་འཆི་མེད་པདྨ་ཐོད་ཕྲེང་གི་གོ་འཕང་མྱུར་དུ་ཐོབ་པའི་རྒྱུར་གྱུར་ཅིག། ༎

所顯之本尊身內，一切本尊復如是總祈請迴向發願已，復誦《銅色吉祥山願文．吉祥山捷道》⑧⑥。於每座間，誦修共通三攝歸瑜伽⑧⑦一如所說。特別者，於新鮮飲食，先觀為甘露之自性，衣服想成天衣錦緞而供養頂輪上師。於六之聚識之所顯，無論好壞善惡，皆不隨逐其凡庸分別，而時常保任成為本尊、明咒、智慧之覺性光輝。夜晚就寢時，為自他一切有情故，當誦《願欲頓成祈請文》⑧⑧，尤其要誦《淨三身剎土祈願文》⑧⑨。繼後，觀自頂上之師由己梵穴循中脈迅速而下，落住於自心四瓣蓮台之上。上師光輝盈充自之身內一切處，光輝閃爍狀中，寄心緣想上師之心與自心合為一體。盡力任持如上觀修想續而入睡。亦可如是作觀：外器世間顯為本尊越量宮，自心上師放光照之令其如鹽入水然而化成光明而融入一切有情化光融入自身，自身化光融入心間上師體中，上師亦於無緣覺空赤裸之內顯光明中消溶。如是心離昏沉，無諸分別妄念干擾而休息。若醒來，當斷諸散亂、掉舉、迷夢等尋伺計度，盡力住定而保任俾令光明周遍，以是能成眠光明⑨⓪與掌握夢境⑨①。及至黎明，復如所說而作睡起瑜伽等四座修持。死緣來臨時，依圓滿次第收攝之緣觀，界覺合一⑨②而入等住，是為一切頗瓦遷轉之王。若於此未能超升，於中陰際，憶念三攝歸瑜伽，亦能獲得解脫。總之，以勝解恭敬誓句清淨之緣，若能圓滿修完此前行之道，僅此一法，不依正行，亦能於妙拂吉祥山剎土中蘇息而證解脫。於彼清淨佛國中，循四持明道，較日月經天尤速而證獲普賢王如來之位，是為一定！如是前行修持證驗生起已，當次第專心修習正行之瓶灌頂道持明息誅生起次第⑨③，密灌頂道氣、忿怒母㊹，慧灌頂道密義方便㊺，第四灌頂道徹卻妥噶㊻等及其隨行支分。總其精要，此為一生即能現前證得雙運金剛持位之方便，應當勵力行持。

此《大圓滿深慧心髓前行念誦儀軌．顯示遍智妙道》，系遍智上師歡喜之臣欽則旺波，為欲利樂諸入此道之初學故，將日常修習所需觀緣次第總為簡明心要，並依諸引導文及諸上師之語教編集而成。以此善行，願為一切有情速疾證得無死蓮花顱鬘佛位㊼之因。

【注】

①大圓滿深慧心髓：寧瑪巴大圓滿教派中最負盛名的一支為「隆欽寧提」，譯義「深慧心髓」。系持明大師傑美林巴之心要。

②根本上師鄔金大金剛持之相：體性為自之傳承根本上師，身色、容貌、嚴飾、坐姿等則如鄔金大金剛持。鄔金大金剛持乃鄔金蓮花生大師的一種顯現。

③ 三門：身、語、意。

④ 九呼濁氣：分別從右鼻孔、左鼻孔、雙鼻孔各呼三次代表貪瞋癡三毒之濁氣凡九次。具有身要、氣要、觀要，詳從師授。

⑤三字金剛誦：一種轉業劫氣為智慧氣之方便。有加行位之金剛誦與正行位之金剛誦之分。詳從師授。

⑥阿哩嘎哩周圍緣起咒：阿哩，指「阿阿、依依……」十六字，為梵文元音字母；嘎哩，指「嘎卡噶咖額阿……」三十四字，為梵文輔音字母；緣起咒，指「耶達爾瑪……」之咒。

⑦上師知：大義是「我從今起，至心皈依上師您，身心受用、福德善根等，統皆無餘、無所顧忌供養您。今後我之苦樂善惡、輪涅沉浮，能否成就、如何成就、何時何地成就等，悉交托於您，您為作主！如何安置於我，讓我做牛做馬，或成佛作祖等，一切您看著辦，一切您知道！」

「上師知」是祈禱句，語含敦促、哀求。內藏「祈禱上師悲心照拂，勿忘我，勿捨我，速速救拔我」之義。非是通常陳述句之「上師具足大智，什麼都知道」之義。

行者果能至誠皈依上師，無餘交付上師，除上師外，別無所有與所思，匍匐委地，涕泗滂沱，以極其誠摯、急切、悲愴之情反復、不斷地緣想上師而念此三字禱文，定得感應道交，獲不可思議加持與撫慰。

下文之「蓮師知」、「遍智知」、「尊等鑒知」、「祈師鑒知」等皆同此義。

⑧恩師請上升：請恩師從我心蓮月墊上沿中脈而上升至我頂上虛空際。

⑨結緣有大利：於具德上師之身、語、意、舍利、骨、發、甲、衣、物、住所、畫像、乃至上師以身、或語、或意加持過之地、物、人、事等，無論是以信、敬、禮、供養、讚頌、祈禱、緣想，乃至見、聞、觸摸等緣與之發生關係，皆能獲得加持與佛法利益。

⑩死際識持深光明：死時出現之光明即甚深法性實相光明，祈願其時能夠認識並與之契入。

⑪具身者：指一切六道眾生。

⑫二利：自利、利他或自度、度他。

⑬六類所緣：暇滿難得，人壽無常，業果不爽，輪迴是苦，解脫勝利，依善知識。

⑭三歡喜門：上等，以實修為供養令上師歡喜；中等，以身，語奉

侍上師作為供養令歡喜；下等；以財寶等供養令上師歡喜。

⑮八無暇：即文中提及的：地獄，餓鬼，畜生，長壽天，具邪見、世智辯聰，邊遠野蠻無佛法地區、蔑栗車，無佛出世，盲聾暗啞、五根不全這八種不能聞修佛法的惡緣。

⑯五自圓：自身所具備的可以修學佛法的五種內因： 投生為人，諸根具足，生中土（指有佛法地區），未犯無間罪業，敬信佛法。

⑰五種他圓滿：修學佛法的五種有利外緣：值佛出世，佛說法，教法住世，善知識攝受，願入佛道。

⑱卑劣謬道：謬道，指一切魔道、邪道、外道；卑劣，指小乘，乃至一切不了義乘。

⑲暫緣所起八無暇：暫時出現的八種與佛法隔絕的機緣：身藏禍毒心，為魔鬼攝持，五毒騷擾，隨順惡行，懈怠散逸，作役奴僕，為求名利、保佑而修，愚癡。

⑳心絕法緣八無暇：從自心方面生起的八種與佛法隔絕的機緣：缺乏厭離心，不具足信仰，貪欲緊纏，行為粗惡，不顧忌邪惡、於諸罪業無慚無恥，廣作無間惡行，敗壞戒律，毀犯誓句（三昧耶戒）。

㉑孤獨地獄：墮此獄中之眾生，住處、苦樂等無有一定，或晝樂夜苦，或動苦靜樂。有岩穴間壓榨，頑石內悶閉，有冰凍裡僵化，沸泉中燉煮，有烈火內焚燒，樹木裡裹封等等多種。或有神識粘附於杵臼、掃帚、瓦罐、門、柱、灶、繩、蘑菇、木耳、瓜果等等之上或之中不能離開，失去自在者。人們一旦杵臼舂米，掃地關門，炊火做飯，伐樹食菇等，彼等眾生便生起較剝皮抽筋、撕肝裂膽尤痛苦百千萬倍之極苦、極極苦。

㉒三苦：餓鬼之苦可分三類，一、外障苦：居住於石子灘、荊棘叢等穢惡之處。夏月如日般熱，冬日如月般寒，輪番受彼極熱極寒之苦。財寶資具等一貧如洗。飲食認物等名字亦無有聞。成年累月

忍饑挨餓，求食不得；焦渴難忍，滴水不見。故而皮包骨頭、枯槁無肉，即連站起之力亦喪殆盡。或遠見水流、果樹等可飲食者，然手足纖細如茅草，肚腹巨大賽雲鼓，脖子撐不住腦袋，雙腿支不起膨腹，步履蹣跚來至其處，水流瞬間變成萬丈深淵，果樹頃刻盡為焦木枯枝，或有不變失者，亦為眾多披甲持刃者守護，近前不得，反遭毆打。二、內障苦：口如針眼般大小，喉似馬尾毛般細長，即使水多若大海，亦只能望洋興嘆，或點滴納入，尚未至喉，便為口之熱毒蒸幹，即使不蒸幹，咽下些許，亦永遠無法滿足廣若平原般之大腹所需。戚戚餓鬼之身，五內俱焚，七竅生煙，苦不堪言。三、密障苦：每個餓鬼體內身上，皆有無量毒蟲居藏而咀嚙其腠理臟腑。此等蟲彼此會遇時，便生嗔恚，互相撕咬打殺。區區餓鬼之軀。又成蟲類寄生飲食之園和殺敵戰場。喉部尚生有瘿疣，不斷流淌惡膿，餓鬼便以此權作充饑，慘不忍睹。

餓鬼總為地居餓鬼與行空餓鬼兩類，此上三苦僅指散雜地居之餓鬼。行空餓鬼別有他苦，一樣難忍，餘處詳 。

㉓瘋瑜伽：修習密乘甚深行禁行、明禁行、平等禁行等密法時，身語意三業進入不可思議、無掛無礙之大任運境界，一切是非善惡、苦樂順逆之所緣，悉皆攝歸為無是無不是，無可無不可之大平等解脫道用。癲瘋病人無顧忌、無分別，大瑜伽士到此境界，亦無忌憚疑悔、執著分別。一切自然，全無掛礙，略似癲瘋，故名。

㉔ 偽學：此處特指佛門內高談闊論，毫不修習；或諂媚善信，騙取財利等佛油子、奸詐之徒。彼等身心已為鬼邪所使，煩惱所占，教誨不入，戒律、正見全無調伏之力，僅存口舌、假相自欺欺人而已。

㉕八法：指世間「稱、譏、毀、譽、利、衰、苦、樂」八種順逆緣境，亦名八風。

㉖ 六大續部：密乘下三部：事部、行部、瑜伽部，及上三部：父

部、母部、無二部。如此共六部。

㉗三處：此處指自身之蘊界處悉為諸佛等聖者所居之三處壇城。五蘊為佛父住所，五界（五大）為佛母住所；六根為菩薩住所，六尖為菩薩母住所；四肢為忿怒明王明母住所。

㉘八大菩薩：文殊，普賢，觀音，勢至（金剛手），彌勒，除蓋障，地藏，虛空藏。

㉙「真實三寶善逝……」四句皈依文：內分，外皈依三寶：佛、法、僧；內皈依三寶：上師、本尊、空行；密皈依三寶：脈、氣、明點；真實皈依三寶：自心本體空為法身佛，自性光明為報身佛，大悲周遍為化身佛。

㉚等入：即禪定。身語意三密與本尊三密乃至法性空、明、大悲平等契入。

㉛自他平等與相換二法：自他平等，即我與一切眾生，無論從何處觀察思維，皆平等無差別；彼此一般知痛識癢，一般貪生怕死，一般厭苦欣樂，一般為因果所縛，一般輪迴苦海，乃至一般具足佛性，一般幻空無實等等。自他相換，即將自己所積福慧功德、善根受用等施與、迴向眾生，而將眾生之罪障、病苦、煩惱等納入自身，代彼承受。如是反復熏修平等與相換二法，以調練自己的出離心、慈悲心、平等心、乃至斷除人我法執，顯發俱生覺性。詳細觀修，請從師授。

㉜墮、犯、晦：墮指敗壞密乘三昧耶戒；犯指毀犯顯教諸戒律；晦指與五毒煩惱熾盛、罪惡邪見深重、特別於顯密諸戒有違越者一起，蒙薰、感染於自己身心上之業劫氣、穢惡氣。此等晦氣，能擾亂行者身心，令生煩惱，退失禪定，亦為道障之一。

㉝四輪：頂大樂輪，喉報身輪，心法身輪，臍化身輪。

㉞四喜之智慧：初喜智慧，殊勝喜智慧，極殊勝喜智慧，俱生喜智慧。

㉟自續：或云自相續。指自身，或自心，或自身心。身心二法，無有實體，唯是生滅相續，故名。

㊱歡喜國土：東方金剛薩埵之刹土。亦云現喜國土，妙喜國土。

㊲五種性：中央佛部種性，東方金剛種性，南方大寶種性，西方蓮花種性，北主事業種性。

㊳修念、近修、修、大修四支：此處指生起次第觀修本尊法之四支。修念：觀想生起三昧耶（誓句）本尊；近修：加持身語意三處；修：勾召迎請智慧本尊前來融入三昧耶本尊 ；大修：求愛灌頂，以部主住頂印持。

㊴境、聲、心三：境，指一切勝劣苦樂，有為有相之根身客塵之境；聲，指一切悅耳刺耳之執愛、非執受大種之聲；心，指一切善惡尋伺計度分別之妄念。

㊵那打：「一小點」之義，略似，「ཧཱུྃ」字上之「 。 」。

㊶等住：即禪定義。現空、明空、樂空、悲空，無二雙運，專主不移，平等而住。

㊷黃牛尿：牛身五淨物之一。五淨物為黃牛尿、糞未墮地者、乳、酥、酪。

㊸厚嚴國土：為上方毗盧遮羅佛報身國土。亦雲密嚴刹土。

㊹七種大寶：金輪，如意神珠，玉女，主藏大臣，白象，紺馬，將軍 。

㊺五決定：指報身佛五種特點。處決定：永住色究竟天密嚴刹土；身決定：無量相好圓滿莊嚴；眷屬決定：唯是聖者菩薩圍繞；法決定：只說大乘教法；時決定：輪迴未空間常住不滅。

㊻無死童瓶身：原始基位法界具足「從基躍起，現於自面，差異分明，分明解脫，不從他生，安住本位」六種特法之身與智大海之自性，即普賢王如來內明大本淨密意界。

㊼大悲不滅：大悲為心體之用。心體不滅，用亦不滅，故大悲不

滅。為顯現化身之因。

⑱咕薩哩乞丐積資法：「咕薩哩」為梵文音譯，義即乞丐。此積資法，不需身外任何資財，但將自之身體作為供品供獻，即使貧如乞丐，一文不名亦可修習而圓滿資糧，故喻為乞丐積資法。但非指貧人以此法積資，富有者但不需行持此道，貧富者皆當勤修此法。此法不但積資甚速，斷除五蘊魔、煩惱魔、死魔、天魔、粗重我執貪愛等亦皆極為有力，更能償清冤業宿債，滿眾生願。文中偈頌，為保持藏文原有每句八字風格韻味，仍譯為八字一句。念誦時，前五字一聯，後三字一聯，便朗朗上口，義亦明瞭。

⑲三字咒：指「嗡、阿、吽」。

⑳二種成就：共通世間成就，不共出世間成就。

㉑本打：為梵文音譯，義即「天靈蓋」、「顱器」。

㉒ 三輪：所供供品，供境聖凡，供養事業 。

㉓蓮花光明廣博宮殿：即蓮師之壇城。

㉔卡杖嘎：為梵文音譯，義即天杖，錫杖。

㉕嘎巴拉：為梵文音譯，義同“本打”、皆「顱器」義。

㉖曼達拉哇：蓮師印度的一位佛母名。

㉗八大持明：舊譯密教所說的印度的分掌八大修部的八位大成就祖師。文殊身持明：降拜瀉列（文殊友，文殊善知識）；蓮花語持明：那嘎爾祖；真實意持明：吽嘎日阿；甘露功德持明：比麻那密扎；普巴事業持明：扎欽哈薩的；瑪姆持明：達那桑折達；世間供贊持明：果嘿檀扎；猛咒詛詈持折明：顯電嘎爾巴。

㉘八十四瑜伽大自在者：公元七世紀至十二世紀前後大約六百年間，在古印度以修習大手印等密法為主而獲得大成就的八十四位祖師，如薩羅哈，龍樹，謫洛巴，那諾巴等，名廣不錄。亦有云為八十位或八十五位。

㉙王臣二十五人：蓮花生大師的得成就的二十五位藏人弟子。如赤

松德贊，毗盧遮羅，朗卡寧布，益喜措佳等，名廣不錄。

㊿班智達：此系梵文音譯，義即精通五明的佛學博士。

61持明地：修習密乘所獲證之果位。總分為四：異熟持明，壽自在持明，手印持明，元成持明。詳後。

62銅色德山：即銅色吉祥山之異說。

63妙吉祥山化身國土：即蓮師所住之國土，銅色吉祥山化身佛刹。

64三昧耶尊：或義譯為誓句本尊，誓尊。由行者觀想而成之幻身本尊。

65三類種性化機：通指聲聞、緣覺、菩薩三類化機。或指小乘、大乘、金剛乘。

66三處：此處指額、喉、胸三處。

67七支功德：即報身之七支功德：受用圓滿支，和合支，大樂支，無自性支，大悲普遍支，相續不斷支，無滅支。

68王臣友：蓮師的三位大弟子。王指赤松德贊，臣指毗盧遮那，友指益喜措佳。

69無垢智慧尊：巴珠上師之異名。

70七教承：新舊密乘，地伏藏，再伏藏，意伏藏，隨念，淨相，耳傳等七種教法傳承。

71金剛威光：降養欽則上師之異名。

72四境：修習大圓滿道從有學位至無學位中間依次出現的四種境界。即法性現前境，悟境增長境，明覺達量境和法盡離心境。

73調生勇士金剛尊：珠巴上師上世之名。譯音為：佐多罷哦多傑。

74佛子持明金剛美嘉力：甲色上師之名。譯音為：甲色任珍多傑揉昂在。

75佛法蓮華事業吉祥賢：這一世珠巴上之名。譯間為：土旦唄嗎赤列拜讓波。

76二位救主：這裡指珠巴上師上世的另兩位有恩上師密主勇士普賢

利他（譯音為桑達罷哦貫讓晏盼）與金剛威光（譯音為多傑日級，即降養欽則）。

⑰阿底瑜伽：舊譯密乘寧瑪巴大圓滿不共法要，為一切教乘之頂尖。離戲自然智，遠離一切界向偏袒，而能顯發一切輪涅諸有。雖顯現千差萬別，然唯此自然之遊戲道用，別元他法。依於本淨徹卻與任運妥噶之道顯發此基位本智，即得四境依次圓滿究竟，於本元基位上獲得解脫，成就普賢如來無死童瓶身之佛果。

⑱不修成佛五勝法：見解脫：密輪；聞解脫；總持密咒；嘗解脫，秘密三昧耶物；觸解脫（又名佩解脫）：普賢如來密咒輪；憶解脫：遷識。此五殊勝密法，值遇其一，信心不逆，不賴修持，均得解脫。

⑲化身五佛刹：東方現喜刹土，南方具德刹土，西方極樂刹土，北方事業極圓刹土，中間屍林火山熾燃刹土。或有云為：東方現喜刹土，南方大寶嚴飾刹土，西方極樂刹土，北方事業極成刹土，中間密嚴刹土。

⑳異熟持明：屬見道位。生起次第獲得堅固，心性一為本尊，故名異熟持明。然大種之濁分未得淨治。

㉑壽自在持明：亦屬見道位。如金剛這晶澈無垢之身，已獲勝法之身，轉為有心亦成熟為見道位之自然智，無有生死，名壽自在持明位。

㉒手印持明：屬修道位。從見道光明生起的有學雙運自然智身之大手印持明。

㉓元成持明：屬無學位。即究竟之果，五身任運成就之大金剛持佛位

㉔體性身 具足兩種清淨（自性清淨、客塵清淨）、五相（無為、無二、離二連、解脫三障、自性光明）、五功德（無量、無數、不可思、無等、離垢）之究竟法界之身。《時輪經》說：「心為大

樂、境為空性是體性身，境為大樂，心為空性是法身；空性之迴音為報身；影像為化身」。亦有云：空性為體性峰；大樂為法身，或大樂身；自顯語為報身；自顯身為化身；或自顯身為報身，大悲為化身。

㊵地道：指資糧、加行、見、修、無學五道，及菩薩十地，或十二地、十三地等。

㊶《銅色吉祥山願文．吉祥山捷道》：乃瑜伽師唄嗎旺欽尊者所作之祈生蓮師佛刹之願文。此願文以讚頌蓮師三身佛刹之功德莊嚴等為導向來引生行者欣樂之願心。願文附後。

㊷三攝歸瑜伽：器世界緣觀為本尊壇城，有情眾生緣觀為壇城本尊；一切聲音緣觀為密咒之音；一切分別妄念攝入無念法身。

㊸《願欲頓成祈請文》：乃蓮師親口對木赤贊普王子所說之願文。敘述蓮師能以各種化現為一切眾生消除災障，滿足眾生一切願求。虔誠祈請，必蒙加被，如願以償。見附後之《鄔金蓮師祈請文．願欲頓成》。

㊹《淨三身刹土祈願文》：此乃持明大師美林巴（即智慧光尊者）所作。願文以陳述輪迴眾生之痛苦、迷芒方式引發諸行者之厭離心，從此厭離心生起往生蓮師佛刹之願心。其後特別加入了中陰道相及解脫理趣之密要。每日祈請、憶持不忘，熏習成為金剛道種藏入八識田中，及至死位中有、法性中有乃至輪迴中有時，便會大起妙用，證得解脫，不可等閒視之。願文附後。

㊺眠光明：此為密乘圓滿次弟修習法要之一。前睡眠意識已經清淨，後尚未生起淨治夢境與分別心氣之同前一類之睡眠。當中無有尋伺分別，法身樂空無二之自然智得已清淨，現起光明，朗如秋日晴空。此光明謂之眠光明。

㊻掌握夢境：藉諸方便要訣，使得夢中識夢，夢中轉夢，乃至觀一切法皆如夢幻，皆可識持轉變，繼爾證得佛果之圓滿次第修法密要

之一。

92界覺合一：法界、覺性無有離合而住。大圓滿法要之一。

93瓶灌頂道持有息誅生起次弟：上師依止彩粉或布繪等壇城。向弟子身給與水、冠等十一種灌頂，清淨弟子身垢與脈障，於弟子身心中留植異熟持明之種子，安置化身成就之緣。其後弟子便有權修習本尊生起次第法門，有因緣證得身金剛化身佛位，成就息災、增福、懷攝、誅降持明四事業。為密乘第一級灌頂與修法。

94密灌頂道氣、忿怒母：上師依其雙運世俗菩提心壇城向弟子語給與灌頂，清淨弟子語垢與氣障，於弟子身心中留植壽自在持明之種子，安置報身成就之緣。其後弟子便有權修習脈、氣、明點、忿怒母等圓滿次弟法門，有因緣證得語金剛報身佛位。為密承第二級灌頂與修法。

95慧灌頂道密義方便：上師依止手印母壇城向弟子意給與灌頂，清淨弟子意垢與明點障，於弟子身心中留植手印持明之種子，安置法身成就之緣 。其後弟子便有權修習圓滿次第樂空密義方便，有因緣證得意金剛法身佛位。為密乘第三級灌頂與修法。

96第四灌頂道徹卻妥噶：上師依止勝義菩提心壇城向弟子身語意三處給與灌頂，清淨弟子三門垢穢與習氣，於弟子身心中留植元成持明之種子，安置體性身成就之緣。其後弟子便有權修習大圓滿徹卻噶等普賢密意，有因緣證得智慧金剛體性身佛位。為密乘第四級詞句所示灌頂與寧瑪巴不共修法。

97無死蓮花顱鬘佛位：即蓮花生大師佛位。

淺談修持菩提心的重要性

王龍

釋尊初轉法輪時即說：「八萬四千法門，當以菩提心為總攝門」。菩提心是學佛的根。無論修學什麼法門都離不開兩個根本：即心的根本（菩提心）和行的根本（它落實在事項的根本），菩提心就是希望引導一切眾生成圓滿佛果的心。

菩提勝心微妙寶，諸未生者願速生，
若已生起勿退失，輾轉向上益增長。

菩提心有五種修法：即

（1）發願菩提心……以開發本具之化身佛；

（2）發行菩提心……以開發本具的報身佛（以上二菩提心依般若乘修習四攝六度萬行）；

（3）發勝義菩提心……以開發本具的法身佛（依般若乘理證取勝義諦空性）；

（4）發三摩地菩提心……以開發本具之體性身佛；

（5）發滾打菩提心……以開發本具大樂智慧身佛。

菩提心的修法，是修行者成就大智慧大神通超越輪迴的殊勝大法。因為學佛就要作佛，作佛就是心即佛。觀經說：「是心作佛，是心是佛」。明白了這一點，若能按照歷代祖師一脈傳承的口訣，依教奉行，從菩提心下手修持，修行者就能直截了當地進大乘密法的修持中，通過修持，平息「五毒」，去掉那種自私、狹隘、低級趣味執著，這就是菩提心修法的殊勝之處。

菩提心是大乘一切法的基礎，無論是修大乘的顯宗，還是修大乘的密宗，都必須要修菩提心。圓滿的菩提心是至誠心，即：真心、誠心、大悲心及迴向發愿心。一真法界是三心圓發即；真誠、清淨、平等正覺、慈悲。菩提心是判別大小乘的首要條件，願度一切眾生的學道者，都是大乘菩薩。六祖說：乘就是行。心量大則大行，心量小即小行。所謂「窮則獨善其身，達則兼善天下」。唯此大乘種姓，所緣既大，度生功德無量無邊，不求小果，不急近功，能了知諸法次第，生正知正見，如法修學，視一切眾生皆如父母，心生憐憫，應當我度，為了令一切曾經是我們父母的廣大有情能得解脫，故發菩提心，廣修六波羅蜜。因此，學佛人眼光要遠，心量要大，不可貪圖小利。沒有發願度眾生，只是願自己一個人從輪迴裡解脫出來，即只求自利，是小乘的修行者。目前多少學佛者，都抓不住這個核心，到處東跑西竄，口口聲聲要成佛，結果連成佛的因都找不到，怎麼能有果位？即使部分人找到了這種因，但又成了口頭禪，在日常的修行中又不知如何實踐，導致法在汝邊，汝不知（法在日常生活中，了生死也是、在日常生活中），到頭來越修煩惱越多，我執越重，離佛法本意越來越遠，最終結果一無所獲。因此，菩提心修持的好壞，是決定一個人成就果位的首要條件。如果一個修行人沒有從菩提心下手修持，即使修一些生起次第，圓滿次第或其它一些法要，一概不能成為大乘法，不但不能成就，反而會招魔幻之虞。密宗以菩提心為因，大悲為本，無念無想，就是菩提，菩提發起的作用就是慈悲。因此，菩提心是密法的核心，又是修法的捷徑。（人中論）”選頌菩提心：「它是征服死亡的無上仙丹，它是撲滅疾病的無上妙藥，它是從痛苦通往解脫的心路長橋」。

修密法全仗佛力加被，想得到佛力加被，必須先發菩提心，視萬物一體，六道如父母，憐憫自他生死的苦，誓願度盡眾生。然後依法精進，決不容許有剎那違背慈悲的心念，精誠所至，自然會得佛力加被。因此，從攝受方面講，宇宙與人能夠互相溝通交往的力量在那裡？在願力。從佛學講，定於有三種力量：一種力量是自己的力量,叫自力，他是起一個人修行的功德力、智慧力、神通力的結晶；他力，就是上師本尊空行的加持力量；還有一種自然的力量，叫法界的力量。在發願的時候,把自己的身心性命投入進去,他力.法力也自然有一種趨向宏闊,趨向真善美的流向，實現心與願的有機結合。因此，菩提心最重要的是無我，念念為了利益眾生，念念心中只有眾生，沒有自己。《菩薩戒》中說：「盡輪迴未空，誓欲利益昔皆為父母的無邊有情」。所以，修行到了最後，諸佛的光明照著自己，自己的光明發現了，證明了觀世音菩薩所說的，覺空空覺，空覺極圓，空所極圓，空所空滅，生滅既滅，寂滅現前，忽然超出世、出世間十方圓明。

開通七萬二千脈殊勝之法是菩提心的修持

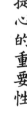

發菩提心是成佛的因，成佛是菩提心的果。普賢菩薩教我們說：一切諸佛都以眾生起大悲心，以大悲心發菩提心，以菩提心成正等正覺。因此，凡是注重菩提心修持的人，他的脈容易張開，如果執著不放，我執很重，他的脈就堅而不松。因心理上有一點自私，生理上必有一脈自縛，所以張開更不容易，為什麼呢？佛曰：“道由心生，德由心積，功由心修，福由心作，禍由心為，心能作佛，心能做眾生，是故心正成佛，心邪成魔。因為十法界都在一心，拿心境來配脈，由於氣和脈

比心粗重很多，精純的心便是不受干擾的心，心愈赤裸，就愈能發揮他最大的潛能，有更大的智慧，理然而的成就，更少的障礙。赤裸的心是非常有力量的,比如五方大智慧配五輪，八大修行聖者配心間八脈，甚至於一般大成就者，可以配在七萬二千脈上。所以菩提心願發的越大，脈開張越快。心以下是肉體之脈，心以上是精神之脈，發菩提心願的人，將功德迴向眾生（肉體），所以容易把功德發在肉體諸脈，實現中脈向七萬二千脈擴張，遍及全身。所謂“地獄不空，誓不成佛”這是地藏菩薩的大願；藥師十二大願；阿彌陀佛四十八願等都是發了大願而得成就的。如果沒有這些大願，他們怎麼能成就佛的果位呢？從密乘來講，我們肉體的每一個毛孔都是眾生。如果度不盡，攝受不全，就不能成佛。一個脈不開，都不能成佛，七萬二千脈都要開，所以願與菩提心的修持是很重要的。

用菩提心貫通中脈，生起智慧明點趨入三摩定

「心地無非，利他無我」。我們若能把得失心、是非心、瞋恨心、分別心、乃至一百六十種相續心、八萬四千塵勞心一概拋去，這時，妙明真心自然現前，便可與天地同德。又由於人身是一個小宇宙，人體由血脈組

成的各種情況本身就構成了一個小宇宙，實際上十法界聚於我們一身。因此，真正講地獄界不在別處，是自身各種業力所聚成的，反應在身體上，是氣與脈的結合體。除了氣脈之外還有明點，所謂明點就是起作用，能顯現各種境界的明，點是物質的精華，明點是氣和脈的精華交織產生的物質。明點共分為四種：

1、物質明點，由父精母血構成；

2、風點由呼吸構成；

3、咒明點，由持咒而形成的；

4、智慧明點，屬無上密的智慧明點，是修行人從加行的菩提心著手，由修生、圓二次第而形成的。智慧明點只有修大乘法的行者才能生起。前三種明點不論正邪都可以修出來，佛身本具有的智慧明點，是通過修無上密二、三灌時得到的。在中脈下端是紅明點，它是拙火及智慧（明）點；在中脈頂是白智慧明點，或說是由智慧所證得的大慈悲。紅點含五大，尤其是火大為主；而白點以水大為主。由此水火二大種和合，可生出其它三大種，五智也將顯現，以便加以運用。每一明點含一佛一淨土。它可能大如法身，或者明點會含有種種的忿怒尊及報身佛或化身佛。因此，當明點修持成清淨明點，人就覺悟了；若明點不清淨，就不覺悟，就是無明。

人的明點在臍下，密輪上，下右間生殖部位，正好是命根氣，命脈的起點。有些脈集中在肚臍的附近，就向十字路口一樣，在這裡有一個字母，瑜伽師有時把氣與注意力導向這個地方，就能體驗地獄道的痛苦，能這樣做是因為地獄和其他道並不存在於外面，而是我們想像的結果……地獄道只不過是瞋心的反映。當生氣的時候，身體一定有某種感覺，如果能把這種身體的感覺引入修持之道，一定很有用的（因為一切的顯現都須把氣和注意力集中在特定的地方而產生的結果），身體的各種毛病由此而起。所以修持之人無論如何要想辦法打通中脈，把人的氣、脈、明點修成智慧氣、智慧脈、智慧明點。氣修到一定程度就變成光，五大的氣身就變成光身。一旦成功，就和法界、宇宙光融合了。

菩提心願與氣脈明點的關係。一切佛法修行的目的都在於瞭解心的本性，因此菩提心是要讓一切眾生成佛。任何一個修大乘的修行者，必須自心常覺，都要時時刻刻注意菩提心願的修持，把自己的身口意與佛的身口意相融合，把佛的願力變成自己的願力，行持六度。要發不求現世的名聞利養恭敬，不求後世的人天福樂，不求聲聞緣覺果證，唯為度一切眾生而成佛的菩提心大願，要有心超日月光胸懷，把每日修行所聚集的功德迴向到每一位眾生身上，才能與十方諸佛感應道交。從深層次講，只有這種修持和迴向，才能把功德發到身體的各個脈上，遍及全身的每一個細胞、每一毛孔、實現一毛孔一壇城。達到每一個細胞每一毛孔都與法界宇宙相契相合目的，從而證悟：「心佛眾生，三無差別」。這就是發菩提心的真正核心作用。

在明白此理的基礎上進行修持,很容易使大小脈都化開，進入三摩定的境界。從密層講，脈與五佛五智的關係很大，按五輪配五智五;大日如來住中脈頂輪，為32瓣白蓮花，其種子字為「嗡」（ཨོཾ）放白色毫光，手結法印，消除無明，主大圓鏡智。南無阿彌陀佛，住在中脈喉輪，為16瓣紅色蓮花，其種子字為「啊」（ཨཱཿ）消除貪念，表妙觀察智。不動尊如來，住在中脈心輪，為八瓣藍色蓮花，其種子為「吽」（ཧཱུྃ）身放藍色毫光，手結觸地印，消除忿恨心，表法界體性智。寶生如來，住在中脈臍輪，為64瓣黃色蓮花，其種子字為『梭』（སྭཱ）身放黃色毫光，手結施願印，消除吝嗇，驕傲心，主平等性智。為不空成就如來，住中脈密輪，為32瓣青色蓮花，其種子字為『哈』（ཧཱ）身放青色毫光，手結無畏印，消除嫉妒心，表成所作智。願菩提心和三摩地菩提心與脈的關係很大；勝義菩提心和行菩提心與氣的關係最大、最密切；行菩提心可以說完全建立在氣上。氣修成就以後就是光，通上攝下，都是氣的作用。但一定要使地、水、火、風、空，五大業劫氣變成五大智慧氣。所以，作為金剛乘學人只有在行菩提心、勝義菩提心方面多下功夫才能轉變我們的身心……轉變我們的色成為大圓鏡智；轉變我們的受成平等性智；轉變我們的想成妙观察智；轉變我們的行成所作所智；轉變我們的識成法界體性智。即十方世界的器世界及無邊的眾生都包括在內；十方世界的聲聞緣覺菩提乃至諸佛的功德身全都包括在內，成就無上正等正覺！

無上傳承殊勝法，三根普被速成就。

三密相應如慧燈，一剎遍能破無明。

體覺污泥與蓮花，佛法圓融便可成。

皈依發心古薩裡，解脫道上無上藥。

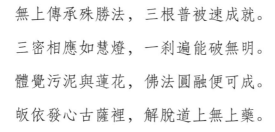

寶瓶氣修持法

王龍

條件：在修寶瓶氣之前必先須修脈輪字;先修脈，再修氣，修明點。

要求：本法不用力，靠觀想，需空腹時修。脈氣明點三者必須堅固，明顯後再修寶瓶氣。

一、　修脈：

人身共有七萬兩千條脈，簡而言之,有一百二十條脈，再簡單有二十五脈，最簡單有三脈，最為重要的是中脈，中脈兩側各有一脈，一稱左脈，一稱右脈，其它各脈皆由此三脈遍佈全身各脈道，中脈心輪處有一（和合），藏名都地，其形如乒乓球和合而成，其上白色，其下紅色，吾命之氣藏於內，外來之風（風即識）也聚於此內。

（1）臍化輪：此輪由六十四根支脈組組成，其輪廓是△三角形，如ཨྰཿ字，六十四根支脈皆紅色，脈尖朝上，如已開之蓮花，是上樂王所修之道。（上樂王壇城）輪在脈下四指處丹田，修丹田之火即修之脈。

（2）法輪：此輪由八根支脈組成，其輪廓是圓形，如ཧཱུྃ字，八根支脈皆白色，脈尖均朝下，如雨傘。

（3）報輪:此輪由十六根支脈組成，其輪廓是圓形，如 ཨོཾ字，十六根支脈皆紅色，脈尖均朝上。

(4) 大樂輪：此輪由三十二根支脈組成，其輪廓是△三角形，如ཧཾ字，三十二根支脈是雜色，脈尖均朝下，如同佛手向下。

注意：三脈四輪修法不能同時修，應兩輪合修方為好，如臍與心輪，報輪與大樂輪，如此修習功德甚大，修時脈的形色要觀的異常明顯，歷歷在目，一心觀想,切勿一心二用，應持之以恆，必有所成。

觀想：

(1) 臍化輪中心，中脈之內，有月輪，其上有紅色ཨཿ阿字。

(2) 報輪中心，中脈之內，有月輪，其上有紅色ཨོཾ嗡字。

(3) 法輪中心，中脈之內，有月輪，其上有藍色ཧཱུྃ倒立吽字。

(4) 大樂輪中心，中脈之內有月輪，其上白色ཧཾ倒立杭字。

(注) 觀想四輪之字如芥子大，如此常修則心自定，只要一想,便歷歷在目，各輪之字修得明顯之後，再修氣功，則修時甚感方便。各輪之字修得明顯之後，在各字上加一新「月」，月上再加「日」，其形如此（ྂ），月觀

白色，日觀紅色，日月之上被以白霜，觀想日月光明異常，日照霜上，霜漸溶解，化水下注，霜解是作菩提心融化，想水下注時作菩提心流想，如此勤修,安樂速來。修各字光亮，則沉心自無。一心修習，心自寂定。定心即顯，掉心自去。

先將明點入都地，後丹田火熾熱，熱氣上升至大安樂輪，而輪內之明點乃化（此明點居於頂月輪上，藏語以兔名月）。

先修一鼻孔互換呼吸，呼吸之時愈慢愈妙。先（先右後左）互換呼吸，後來方用兩鼻孔同時呼吸，呼吸必須以鼻不可用口。吸進呼出具體要求：呼吸細長，不可粗速，如此氣自聚於腹中，氣積則輪自轉。吸時腹中之氣絲毫不得外出，氣入內時想其嘘嘘進入左右二脈，鼻孔中微有涼感，修時務必要做到出氣少，進氣多，如此方能延年益壽。修法之道務必心中清淨，呼時想氣出利益眾生，吸時想大千世界一切美好東西皆隨氣而入，如此循序觀想呼吸。要求：修寶瓶氣務必空腹修習，腹飽不能修，否則致病。要求：必須先修好 ཧཾ 杭、ཨོཾ嗡、ཧཱུྃ 吽、 ཨཱཿ 阿四字，再修密處護樂輪，它有三十二脈，即三十二佛，輪內氣甚多（護樂輪內氣是身內天然之氣，不是外來之氣,須注意），此輪旋轉則風氣上升（臍化輪左轉，其餘均右轉），於是丹田火熾熱，氣沿中脈而上騰至頂上之大樂輪，将其ཧཾ杭字連同之上日月[°]一併融化，化時心生歡喜；化後如水下降到喉間之受用輪，而ཨོཾ嗡字亦化，化時生大歡喜心；化後同往下注至心間法輪，而燈吽字亦化，化時生妙歡喜心；化後入臍間臍化輪，而 ཨཱཿ阿字亦化，化時生和合歡喜心；化後又入注到寶瓶內。為此，由上而下之所生之四歡喜心，丹田火必聚在寶瓶內，外氣聚於寶瓶內甚盈滿。此為寶瓶氣修法。四輪旋轉供養身內諸佛，利益一切眾生，凡內甚盈滿。凡內外一切情器世間所有魔障均代為清除，並無餘度之成佛。視眾生如父母，眾生之苦，我願一人代受，我之功德悉迴向眾生，願其早脫輪迴，而登彼岸。

說明：初修寶瓶氣者，一般吸後就呼了，也不會使氣住入腹中，但經過一段時間的修持，每分鐘呼吸次數逐漸減少，或中斷（停息），密勒云：「左右兩脈氣能入中脈則頗安樂，如能閉住呼吸一氣圓滿，甚安樂，如能完全停止呼吸則莫大的安樂矣」。如果鼻中還存在一些氣外出，則氣入中脈難成。如果氣入不了中脈，人將昏沉，這種現象異常不好，因沉心一生，人即不能自主，腹中氣即不能聚，氣不聚入中脈難，所以必須掌握方法。

方法與要求：修寶瓶氣時首先請佛會嗣，將寶瓶氣方法細想一遍，然後跏趺座，兩手交叉仰疊於臍下，上下互換三次，如洗手形狀，通過彈指的數量訓練閉息的功夫，將呼吸閉住住使氣絲毫不可外出，同時想腹中氣入聚於寶瓶內。如此循序漸進，當閉息增至36下時，寶瓶氣真來，人壽自然增益；當閉息增至108下時，可獲成就；當閉息增至一二百次彈指之間，將呼吸停止不行，則其人的壽命可以無量。閉氣之時右手彈指，用左手記數，同時想一切法空，我死無常，此乃成佛之總根。（一切經典儀軌不修皆可，如能常修一切法空，我死無常，則無有不能成佛者）。

竅訣：

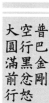

先將氣入左右二脈,非常熟練修持，觀想明顯，由三脈匯合處而使氣漸入中脈，等中脈氣盈滿時略咽口津，將氣下壓，氣方可定，便於使氣入中脈，但咽時不得出聲。上氣下壓後，下氣上提（想大小便兩處氣來，上升入臍化輪之　阿字內，此氣上升宛如將屁忍住，使氣入臍間），如此上氣下壓，下氣上提均入臍化輪之 阿字

內，使寶瓶之氣不得外出。釋迦牟尼曾言：上氣與下氣聚合於臍化輪之 阿字內而封閉。氣藏寶瓶內，臍化輪及丹田火均在寶瓶之中，輪之四周皆有氣，輪之下是丹田火，氣只聚臍化輪，其它三輪皆不去，後來法輪中之持命氣及密輪內之屁氣也均加入寶瓶氣之內，當密處左右二脈口開時，密處中脈之口必閉；中脈口開，左右二脈之口必閉，否則小便不能自控。此密處三脈之開閉必須常修，等成習慣後方可修習一切氣入中脈。

閉氣與觀想並進，氣必入中脈，氣入中脈，明點也就能入中脈。明點，人之命也，明點入中脈，即命也入中脈。

要求：常加自察，把握時機，不致茫無頭緒。為了幫助對照自察，略介紹幾種境界：紀錄瑜珈瓦窪窪云：

（1）命入中脈後，首先見陽焰，其時貪心熾甚如黃羊，行者貪心也是一念未了又生一念；

（2）如見冒煙，其相似男女交合；

（3）螢火空中飛舞，明滅不定；

（4）見如豆之火焰堅定不搖，如佛前琉璃燈中火焰；

（5）最後心忽明朗，如秋天萬里無雲，清明皎潔，此境來時，修道始來，此數境界皆一，境明如一，境當其明顯，來時八十種風氣始入融身內。

總之，丹田火即八十個氣融入二十五個內去，此二十五個再融入三個內去，如不知此三遍融化，則死時甚威險。因此，以上五種境界來後，假如黑黑的來則甚好。所以修法之人，應想法是氣融入中脈內去，如氣入中脈，則八十種識亦入內，識即是命，命入中脈，然後方能上升至頂,由梵門外出，外出之後其高一尺，（在身內初是一點，外出便大）修法成就者，命出外能化身無數，四處利益眾生，也就是幻身。

氣有五種，膽有五種，痰有五種，加上大小便、汗垢三者，再加上成精七即

(1) 汁；

(2) 血；

(3) 肉；

(4) 油；

(5) 骨；

(6) 髓；

(7) 精，以上合起共為二十五。

氣：母氣大則兒女面白；膽氣大則兒女面黃；痰氣

大則兒女面黑。所謂大者，指為母者身內潛伏之氣膽痰三種病根。

注釋

(1) 白菩提心化則骨病除；

(2) 白紅黃等菩提皆化，則疾病皆除，身體健康，膚色光潤，力大無窮，入水不寒，皆是丹田化（火）功夫。

「月」指白菩提心，白菩提心由上往下時所生之四歡喜心，每一歡喜心有四歡喜心，共十六個歡喜心，即是藏文阿阿、依依……等十六個字母。

「日」指紅菩提心，有下往所生四歡喜心，每一歡喜心有三，共十二個。月輪者精點之別名也。

八十種風融入二十五種，二十五種融入三種，即三遍融化；第一遍融化時如見月亮（白色）；第二遍融化時如見太陽（紅色）；第三遍融化時日月皆隱，惟見黑暗。如此三遍融化後始迴去，於是頂上梵門開啟，行者之命即由此門外出，則心間ཧཱུྃ吽字自下而上融入那達，那達歸空，（三遍融化，皆由氣入中脈。氣入中脈後頂上白點下降，臍間工點上升，兩合於心間，於是黑暗異常，一切不知。六根齊全之人方有成佛可能，否則無望）。修法時應作如下觀想：即三遍融化，四空相應，明光顯現，魂離軀體，身做平定坐，心想我死無常，一切法空，空後放光見大亮光，一切亮光皆是佛光，遍一切處，此光即是空，於是想空中變成一佛，如平日所修的本尊樣子，（此本尊即自己，無二無別）一切莊嚴具足，乃從心間ཧཱུྃ吽字放光（此光乃自己所修之光）奉請智慧佛，奉請之後佛光前來，不要害怕，如子遇母（光：分子光與母光。子光，外邊由修持而來即本尊光；母光，從自身中出來的光由心識變成，子母光相融合，無二無別，是為無上妙道。但子母兩光外還有六道光。修法根本即在死時放光），相近相親，立即迎上去與佛光融合，即報身成佛。所以要多多修習，否則不能證成。

阿宗寺（安章寺）上師略傳

目　錄

一、阿宗寺

阿宗（昂藏）寺位於四川省甘孜州白玉縣昌台區麻邛鄉，始建於1742年，原系噶陀寺下院，是一座歷史悠久、聞名遐邇以弘傳大圓滿深慧心髓的藏傳佛教寧瑪派寺院。是倡導世界和平，祈願國泰民安、人民幸福的如意殊勝光明具法洲。兩百多年來，該寺院一直是以弘揚藏傳佛教大圓滿法和修持大圓滿心髓為主的閉關寺院，即以清淨無染為要，不求金錢之奢華，不圖攀緣之浮躁，以求成就和解脫為大要。來此求法和修行而獲得成就的，數不勝數。第一世珠巴仁波切是著名的大圓滿龍欽深慧心髓法門最偉大的傳承持有者與弘揚者之一，被喻為二十世紀最偉大的上師之一，自師開始起阿宗（昂藏）寺就成為專門弘傳大圓滿深慧心髓的中心，譽滿天下。

蓮花生大士對阿宗珠巴誕生所作的預言：「蓮花我與王、臣、伴七人，攝集瞻部地之精華作寶藏，護藏者是地之神女丹瑪，取藏聖賢名中帶有一『珠（漢譯義為「龍」）』字，此人名字帶『珠』又於『珠（龍）』年生，生於崇地正是瑪妥之化身，時值『龍』年我之伏藏當現，此藏取出其他地方不散播，住持我之修處聖地噶妥寺，佛教信眾福德廣大增長。」

第一世阿宗珠巴仁波切卓兌巴沃多傑是古印度大成就者鐘比巴、蓮花生大士、班智達毗瑪拉和法王赤松德贊、空行母益喜措嘉、大成就者白季旺秋、大譯師瑪妥仁青以及伏藏大師日阿達林巴、曲吉林巴、仁增青波等多位成就聖賢的化身，為度化無邊有情脫離輪迴苦海而出現於娑婆世間。

第二世珠巴仁波切精通大小五明和顯密經論，是當代最偉大的藏族學者和傑出的虹身成就者,是大圓滿教法的導師之一。曾多次到漢地廣結善緣,妙轉法輪。弟子遍佈海內外,在北京、天津、上海、香港、蘭州、東北等地舉行過灌頂法會，教化廣大有緣眾生。珠巴仁波切的聖名，一直吸引著無數的正信志士和追隨者。著名漢僧根造喇嘛，就是在阿宗（昂藏）寺師從於第二世珠巴仁波切修持大圓滿深慧心髓而成就，進而又將大圓滿法傳往漢地和海外。當今著名的白瑪才旺法王、噶陀寺莫扎法王、竹扎法王、亞青寺阿秋喇嘛等曾受二世珠巴仁波切的灌頂、傳法。

二、聞名解脫——至尊上師阿宗．珠巴．卓兌巴沃多傑傳略

久美洛莎 集譯

具三傳承佛及佛子智慧功德主，

慈悲力圓濁世眾生殊勝大導師，

聞名解脫三有輪迴無謬救怙主，

憶念深恩一心祈請降臨祈加持。

蓮花生大士對阿宗．珠巴誕生所作的預言：「蓮花我與王、臣、伴七人，攝集瞻部地之精華作寶藏，護藏者是地之神女叫丹瑪，取藏聖賢名中帶有一『珠（漢譯義為「龍」）』字，此人名字帶『珠』又於『珠（龍）』年生，生於崇 地正是瑪妥之化身，時值『龍』年我之伏藏當現出，此藏取出其他地方不散播，住持我之修處聖地噶妥寺，佛教信眾福德廣大增長。」

虹身成就者貝瑪敦兌發掘的伏藏密籍《深法虛空周遍自解脫．瞻部洲一切自解脫》中預言：「深廣法門開啟時，瑪妥仁青 化現為，崇地甚深伏藏主，無數有緣得解脫。」

伏藏大師卓兌桑昂林巴發掘的伏藏密籍《佛法密義全集．補特迦羅教言》中預言：「現在日阿達那喜日，

將來噶妥之東邊，名具阿者利眾生。」

阿宗．珠巴仁波切卓兌巴沃多傑發掘的伏藏《心修多傑佐羅》中預言：「大樂聖伴益喜措嘉、大譯師瑪妥仁青與普巴成就者白季旺秋，三位一體的化身為仁增．噶季旺秋。」

按照預言，阿宗．珠巴仁波切卓兌巴沃多傑為古印度大成就者鐘比巴、蓮花生大士、班智達毗瑪拉和法王赤松德贊、空行益喜措嘉、大成就者白季旺秋、大譯師瑪妥仁青以及伏藏大師日阿達林巴、曲吉林巴、仁增青波等多位成就聖賢的化身，為度化無邊有情脫離輪迴苦海而出現於此娑婆世間。

藏曆第十四繞迴水虎（1842）年六月十五日這一天，太陽快落山的時候，在號稱世界屋脊的青藏高原東部多康地區，金沙江的支流昌曲河流域，崇塘（今譯「昌台」）牧區，蒙古族牧民阿察A-Gra（原青海西寧一帶地方蒙古族首領日阿台烏吉之子扎西奔的四世孫）家中誕生了一個不同尋常的男孩。孩子出生時，父親阿察和他的家人看到一道絢麗的彩虹從天窗射進了他們家住的帳篷，同時還出現了其他許許多多不可思議的瑞相。男孩出生後不久，就被噶妥．直美星炯確吉多傑Ka-

THog-Dri-Med-ZHing-sKyong-CHos-Kyi-rDo-rJe認定為阿宗．桑結扎西A-'aDZoms-Sangs-rGyal-bKra-SHis的轉世。崇地的大成就者佳哇強曲rGyal-Wa-Byang-CHub根據伏藏大師仁增青波八十四歲圓寂時留下的「下一世將生在崇地能看到冬日阿神山那片白色山崖的地方」的預言，肯定這個男孩就是仁增青波的轉世，賜名號為「阿宗珠巴A-'aDZoms-'aBrug-Pa」(聶須堪仁波切絳陽多傑所著的《大圓滿教史持明傳承傳記藍寶石鬘》：「根據竹巴噶舉大法王珠．貝瑪噶波 的生系，賜名號為‘阿宗珠巴’。」)。「決」法大成就者喇嘛確班bLa-Ma-CHos-dPal聞訊後，趕來為孩子傳授無量壽佛的灌頂。灌頂那天，喇嘛確班做了一個夢，夢到太陽從他住的犛牛毛織成的帳篷的天窗中升起來，把它的光明灑滿了整個世界。臨行前，喇嘛確班賜給護身結等物，叮囑孩子的父母精心撫養。

阿宗．珠巴稍大一點的時候，在蓮花生大士二十五大弟子之一的努欽．桑結益喜轉世的大班智達西青文珠．久美圖兜南傑ZHe-Chen-dWon-sPrul-'aGyur-Med-mTHu-sTobs-rNam-rGyal座前受了皈依戒，賜名：貝瑪多阿龍珠桑波Pad-Ma- Lhun-Grub-bZang-Po。在這之前，西青文珠仁波切一次在夢中見到一大一小兩個白色的法螺，有一個小孩拿起那個小的吹起來，嘹亮悅耳的法螺聲響徹了整個雪域大地，連衛地的拉薩都能聽得清清楚楚，心想：這個小孩是個好苗子，將來定成大器。

十二歲那年，阿宗．珠巴跟著他的叔叔和哥哥到噶妥．司都Ka-THog-Si-Tu仁波切確吉洛卓CHos-Kyi-bLo-Gros恩頓丹貝堅燦白桑波座前聽受《明界金剛心要》。藏曆十一月的一天，司都仁波切升座傳授前行，剛講完經題開始講第一章，阿宗．珠巴就已經領會到了全部義理，當講到「死時無常」一節時，他的心中頓時生起了「不知何時死」的真實體驗，激動得淚流滿面。法會結束的時候，司都仁波切拿出有極大加持力的佛像、經典、佛塔送給他作紀念，語重心長地囑咐他好好修學，將來通過灌頂、教授、導引等方法利益眾生，將佛教事業進一步發揚光大。

此後，阿宗．珠巴又到白玉佳珠多阿丹增mDo-sNGags-bsTan-'aDZin和文珠．仁增吉美讓卓dWon-sPrul-Rig-'aDZin-'aJigs-Med-Rang-Grol座前，聽受了天法《佛陀近覺》、日達林《心修》、瑪底《獅面母》、《靜猛密義自解脫》、《中陰六種教授》等法的廣大灌頂和教授。

有一年，在察嘎爾山中住修的二十五位格西延請格魯派大班智達章嘉格西扎巴頓珠Graks-Pa-Don-Grub來傳法，阿宗．珠巴聽說後，趕忙去拜見這位大成就者。扎巴頓珠非常高興，給他講授了《入行》四章、《密集眾尊》、《聖樂鈴傳規》、《藍白怙主》的所有灌頂、傳承、講解和口訣。臨別時，囑咐道：「這一生是你最後一次化現菩薩身，你要好好護持菩提心。」

又過了幾年，在崇色雄的一次法會上，阿宗．珠巴見到了後來得到虹身成就的娘喇．貝瑪堆兌Nyag-bLa-Pad-Ma-bDud-'aDul，獻上傳授《大集經要》需用的經典以及其他供養。貝瑪堆兌非常高興，將甚深法要《虛空自解脫》的灌頂、傳承、口訣等毫無保留地傳授給他，並授予他傳承這一教法的法權。一天，貝瑪堆兌把阿宗．珠巴叫到跟前，對他說：「你這一世的因緣是以俗家人的身份出現，因材施教，弘揚大圓滿教法。」

阿宗．珠巴仁波切一聽上師說自己不能出家，急忙跪下來懇求道：「上師啊！從很小的時候起，我就立志做一個托缽的比丘。請您老人家想想辦法，千萬不要再讓我去操持那些俗家的事務了！」

上師聽了之後安慰他道：「徒弟啊！你要記住，世上有些事情，有時候不是說你自己不想幹不幹就成啊！做不做俗家人完全由不得你我啊！這些以後你慢慢就明白了。」

一次，阿宗．珠巴仁波切到霍爾多去，住在一個名叫曲秀昌的施主家裡，這家的佛堂佈置得非常莊嚴，並且收藏了好多的經書。阿宗．珠巴仁波切在這裡讀到了宗喀巴大師的《菩提道次第》注解和《密宗道次第》、《大手印講解》等著作，徹底打消了過去對宗喀巴大師的疑慮與誤解，生起了與自己上師無有差別的信心，因此而虔誠持誦「米則瑪」十萬遍，心中樹立了新、舊、佛、笨無有分別的正見。

此後不久，阿宗．珠巴去噶妥寺拜望自己的上師司都仁波切確吉洛卓，司都仁波切關切地對他說：「徒兒啊，我告訴你，現在康區上下有資格傳授無上顯密教法的只有絳陽欽則一個人，你應該到他那裡去進一步深造。」聽了上師的話，阿宗．珠巴仁波切來到了絳陽欽哲旺波'aJam-dByang-mKHyen-brTZe-dWang-Po座前，在那裡住了下來，虛心求教。絳陽欽哲旺波高興地傳授了他許多教法的灌頂教授，並將《寧提母子》等光明秘密心要的所有傳承、口訣毫無保留地傳授給了他，收他為心傳弟子，立為修證意義上的合法繼承人。

此後，阿宗．珠巴仁波切又前後二十六次到絳陽欽哲仁波切座前求示法要，依次聽受了北藏的《心印直指》、本淨自生顯義《功德寶藏心修》、《聖持明命修》、甲聰'aJ'a-TSon《靜、忿、獅三尊》、噶妥．南卡佳措Ka-THog-Nam-mKH'a-rGya-mTSo的《大圓滿講記》、《那若空行加持教導》、《修法總集》大灌頂、《成就心要見、修、行導引》、《金剛甘露法門》、《圓滿耳傳教誡》、《無死聖母心要》、《心修除一切障和隨願成就》、《度母甚深心要》等許多法要。絳陽欽哲旺波還特別授予他《空行密集》教法的法權，並將此法根本、分支的廣大灌頂、導引和口訣全部為他進行了傳授。在傳授事業空行之真言灌頂時，絳陽欽哲仁波切身穿咒衣拋擲降伏「朵瑪」作利益眾生的事業，阿宗．珠巴清楚地看到上師拋出的「朵瑪」調伏了許多邊地的野蠻部落，灌頂、導引之後作會供時，他心中無比興奮，禁不住「哈哈」大笑。

遵照上師絳陽欽哲仁波切的教誨，阿宗．珠巴到貢珠Kong-sPrul仁波切洛竹他耶bLo-Grol-mTH'a-Yas座前聽受了《大寶伏藏》、《噶舉密藏》。

在竹青大堪布貝瑪多傑Pad-Ma-rDo-rJe座前聽受《喇嘛仰底》的廣義灌頂和導引時，堪布對他說：「你將來一定會成為像聖南卡吉美 那樣的瑜珈士。」

之後，阿宗．珠巴去拜見大成就者扎．巴珠．吉美確傑旺扎rDZa-dPal-sPrul-'aJigs-Med-CHos-Kyi-dwang-Po，扎．巴珠仁波切對他非常器重，為他傳授了《前行指導——普賢上師口訣》、《隆欽寧提扎龍之成熟導引和幻輪》、《導引，智慧上師開示》、《善行指導》的廣略二種教授。分別時，嚴詞教誡，勉勵他多培養弟子，弘傳佛法。

在後來的若干年中，阿宗．珠巴仁波切一直不停地努力修學，從聶佳的侄子吉美那裡聽受了《幻化威猛大海「決」》的灌頂和導引，在聶須喇嘛仁波切隆多座前聽受了《三種休息》、《七寶藏》、《四部寧提》的廣略教授，並前後兩次聽受了他講授的《入行》，從文殊化現的彌旁仁波切那裡聽受了《薩日哈心要》、《如來藏總義》、《經總集注釋》、《信念明燈》、《如願速成講解》等，在吉美佳偉紐古之化身倉珠．貢桑德欽多傑座前聽受了《空行心髓》的灌頂教授和《普賢上師口訣》，在木雅堪布諾布丹增座前聽受了《總集》全部教授以及他新編的《大悲觀自在》和《長壽修法》集要的灌頂和教導，在多欽則之子多傑扎退職堪布甲色南傑座前聽受了《北藏灌頂法要》，在噶妥．司都．確吉佳措座前聽受了欽則仁波切之意伏藏《三根本光明心要》的灌頂教授，在叔叔貝瑪堅燦座前聽受了《寧瑪續部》和《格則班智達文集》教授，在新峨爾寺堪布索朗堅燦座前聽受了《三種空行秘密寶瓶》，在木雅堪布座前聽受了《功德寶藏本注》和多珠青仁波切之注釋《大海點滴》，在嶺倉堪布楚臣佳措座前聽受了《甘珠兒》，在噶妥堪布格桑旺秋座前聽受了《丹珠兒》中的所有教授部分。

當他見到伏藏師鄔金仁欽嶺巴Ao-rGyan-Rin-Chen-gLing-Pa時，隨即被仁欽嶺巴確定為其甚深伏藏教法根本繼承人，聽受了所有的伏藏教授，並達到了己心與上師心無二無別的境界。

阿宗．珠巴仁波切一生專心至致地從事大圓滿法的修習，達到了四種顯相圓滿現前的證境。他住世期間，修過三處寺廟，但從不積攢錢財，也不住華麗的房子，生活上一切隨緣。三十二歲時，他得到了貢欽．吉美林巴Kun-mKHyen-'aJigs-Med-gLing-Pa智慧身的攝受，證境進一步提高。此後，又接連得到了很多上師、本尊的攝受。那時候，正如預言中所說的那樣，他成了一位名符其實的持咒阿闍黎，一副古代國王的裝束：白布纏頭，戴著天珠、珊瑚、護身佛盒等首飾。今天，這種裝束只有在衛地婦女們中間才能看到。

阿宗．珠巴仁波切有發掘甚深伏藏密法的法權。他住世期間，發掘出了以《光明金剛密藏》、《心修多傑佐羅》、《金剛手》等為代表的許多伏藏密籍。

正如噶妥．司都．確吉洛卓、普見欽則仁波切和巴珠仁波切等聖賢所預言的那樣，阿宗．珠巴仁波切長期傳授大圓滿教、藏的灌頂、傳承和殊勝成熟解脫道的導引，培養了許許多多的仁人志士，他的弟子中有西青佳察仁波切、第六世西青繞絳巴、貢珠仁波切、宗薩．欽珠仁波切確吉洛佐、嶺國的國王、噶妥莫珠仁波切、索芒仲巴．噶瑪確吉寧吉、朵仁波切康松斯諾協巴多傑等西青、竹青、噶妥、白玉等寺的很多大小喇嘛活佛，有多欽則之子多傑扎之退職堪布甲色南傑活佛、錫金人圖丹曲尼、峨爾寺塔則大堪布、德雄活佛絳陽丹增、雍仲笨之持教者丁青扎珠、二位蒙甲活佛。

應邀在噶妥、竹青傳法期間，阿宗．珠巴為具足一切智見的噶妥．司都班智達確吉佳措和毗瑪美扎化现的大成就者竹青仁波切圖丹確吉多傑分別傳授了《四部寧提》的全部灌頂指導和《大圓滿前行、正行和結行》廣大導引次第，為寺院常住的所有喇嘛、活佛、堪布及來自四方的求學者傳授了多種廣略灌頂和指導，為格芒．雲丹佳措、堪布貢巴、大成就者喇嘛他耶、隆多、伏藏大師索甲等傳授了灌頂、導引和口訣。

阿宗．珠巴仁波切的弟子遍佈康、衛、藏、安多、印度北部一帶藏族居住區及漢地、不丹等地，其中有嶺噶爾法王父子、加拉王吉扎多傑和他的女兒諾增旺姆等達官顯貴，也有很多黎民百姓，無論貴賤，均霑法益。他一生曾無數次傳授各種大小、深廣法要的灌頂和講解，世出世間二種利益眾生的事業極其廣大。在他的不懈努力下，勝乘大圓滿教法如一輪紅日當空，放射出耀眼的光明，照亮了整個雪域大地。

他經常教誡弟子：「我雖然擁有很多深密伏藏法要的傳承，但是我一生只把精力集中在修習光明大圓滿上，我認為這樣就足夠了，不需要再去貪求其他遠傳、近傳的法門。希望你們也能像我一樣，踏踏實實去專修大圓滿。總的說來，要想成就佛果，個人的福報、願望和所修的法三者之間有著密切的關係。我從小至今刻骨銘心的一個願望是：讓所有聽到我名字的人，都能超生到淨土中我的周圍；另外，不管我在不在世，無論自己還是他人都能嚴持戒律，無一人違犯誓言。」臨圓寂前，對弟子說：「如今我老了，要走了，古汝仁波切有囑託，中陰界還有 三億眾生要我去度化。」圓寂時，出現了日食、巨響等許多吉祥的徵兆，幻網靜忿、普巴等曼荼羅中諸尊和空行前來迎接，夜間，從仁波切鼻孔中「哧溜溜」射出好多黃豆大小的光團，藏曆第十五繞迥木鼠年（1924年）12月10日黎明時分心性迴歸於本初法界。

阿宗．珠巴仁波切圓寂後，他的法體存放了六十多天供信眾禮拜供養。二月初十，以白玉活佛為首的十三位有活佛和堪布身份的弟子依相同的曼荼羅作供養，很多信心純淨的人看到空中現出了許多仁波切本人的影像。荼毗時，出生了很多舍利，同時還顯現出了許多希有的瑞相，心臟、舌頭、眼睛完好無損。

阿宗．珠巴仁波切卓兌巴沃多傑身、語、意最傑出的弟子有阿宗．甲色．久美多傑rGyal-Sras-'aGyur-Med-rDo-rJe、絳陽欽哲仁波切的轉世確傑洛竹、貝瑪旺甲、女兒齊美等。他的弟子中通過修證，即生獲得開悟解脫的多得難已計數。這些弟子將利益眾生的事業繼承下來，不斷延續，使之進一步發揚光大。

1999年12月譯於拉薩

三、第二世阿宗珠巴活佛略傳

三種傳承了義教幢海，

四種顯現圓滿勝化身，

二利究竟深恩之上師，

一心祈請降臨賜加持。

貝瑪逞列Pad-Ma-Phrin-Las轉世之百代，

五濁惡時應化比電速，

降生崇地名中帶「珠'aBrug」字，

親見、聞教妙拂洲處生，

二部總集名聲堪稱最。

……

——第四世竹青仁波切彌久南卡多傑的預言

時際末法之世時，

具德勝士名「珠」者，

廣利眾生弘聖教。……

——伏藏大師確久德欽林巴的預言

阿宗珠巴仁波切土丹白瑪逞列(1926-2001)，當代最偉大的藏族學者，卓越的大圓滿導師，虹身成就者。

藏曆第十五繞迴火虎（1926）年生於康區著名的蓮花生大士伏藏聖地拉錯秋莫附近的玉龍拉日崗(在今四川

省德格縣境內)，父名索朗南傑，母名德吉。出生時，曾出現彩虹等瑞相。出生三天，即能坐立，口中呀呀有語：「阿宗」、「阿宗」。

由第五世竹青仁波切土丹確吉多傑認定為阿宗珠巴卓兌巴沃多傑（蓮花生大士二十五大弟子中的瑪妥仁青以及仁增欽莫等多位大成就者的化身，絳陽欽哲確吉羅佐的上師）的轉世。藏曆土龍年由阿宗•甲色仁波切久美多傑迎請至阿宗寺坐床，成為該寺主持大活佛。

依止噶妥•格則久美丹貝南傑、大堪布堆巴佳措、佳噶土丹等眾多上師善知識學習大小五明和顯密經論，師從阿宗•甲色久美多傑修學大圓滿心要等耳傳教授。通過長期苦修，獲得了殊勝成就，成為大圓滿教法的傑出導師。

每年春秋兩季，於駐錫地阿宗寺傳授大圓滿前行、正行，弟子遍佈海內外。曾在北京、天津、上海、香港、蘭州、東北等地舉行灌頂法會，化導有緣眾生。

上師素以仁愛慈悲著稱，宏法以利益眾生為目的，從不計較個人利害得失。一生嚴持戒律，遵紀守法，愛國愛教，處處率先垂范，人人敬仰讚歎。曾受聘為中國藏語系高級佛學院教授，歷任白玉縣政協副主席等職。

藏曆第十七繞迴鐵蛇年一月十三日（2001年3月7日）圓寂。圓寂前，曾出現地震等大圓滿成就之瑞相。

阿宗珠巴仁波切圓寂後，遵照遺囑，法體存放七天（縮小到一尺左右）後荼毗，骨灰撒入高山江河。由其最殊勝之弟子、扎龍大成就者江嘎仁波切接續法位，出任阿宗寺主持。

此大恩無比上師之略傳，由業重障深劣慧之弟子久美洛莎彙集，願三界一切如母有情於恩師悲願海中獲得解脫！

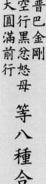

阿宗．江嘎仁波切江音確吉尼瑪'aJam-dBying-CHos-Kyi-Nyi-Ma，藏曆第十六繞迴鐵陰兔年（1951年）生於阿宗寺所在地四川省甘孜藏族自治州白玉縣昌台區的安章村。他的父親第二世阿宗．珠巴．土丹白瑪逞列是著名的大圓滿導師，證得了大圓滿虹光身的成就。母親阿賢A-SHer為嶺喀甲本昌gLing-KHa-rGya-dPon-Tsang（格薩爾家族的後裔）之女，空行母化現，生有特秋雲丹THeg-mCHog-Yon-Tan、敏卓多傑sMin-Grol-rDo-rJe、土丹THub-bsTan、江嘎'aJam-dG'a和洛嘎bLo-dG'a、達拉ZLa-Lha兄弟姊妹七人，其中五個男孩（有一個早逝）全是轉世活佛。仁波切出生後7天，母親就過早地離開了人世，不久父親阿宗．珠巴被關進了監獄，是姑姑次拉TSe-Lha撫養他長大。

仁波切善根深厚，被認證是多位成就善知識的轉世化身。仁波切小的時候，有一次，噶陀．格則班智達久美丹貝南傑到阿宗寺，看到仁波切，隨即認出他是噶陀．寧貢Nyin-dGon的轉世，賜名江音確吉尼瑪。敏珠林炯仁波切從北京開會迴來，路過阿宗寺時，特意去拜會甲色仁波切，言談之間，認出他是尼呀榮．阿色魯姆繞貢巴的轉世。後來，頂果欽哲仁波切又認證他是伏藏大師確覺林巴mCHog-Gyur-gLing-Pa心之化身。

江嘎仁波切從小聰慧過人，喜好佛法。五歲時起，在第一世阿宗．珠巴仁波切的女兒、心傳弟子直美旺姆Dri-Med-dWang-Mo的指導下，學習讀、寫、念誦，十五歲開始修習《隆欽心髓前行》，十九歲開始修習大圓滿。在那個全國上下一片紅的特殊歷史年代，生為阿宗．珠巴的兒子，仁波切一直是受管制、受排斥的對象，身上沒有禦寒的衣服，腳上一年到頭沒有鞋穿，常常五六天吃不上一頓飽飯；有一段時期，甚至沒有住的房子，晚上只能睡在豬欄裡，和豬擠在一起取暖。生活非常艱難。在這樣一種環境下，他仍一直堅持大圓滿的修行。白天，他隨大家去地裡幹活；到了晚上，一個人偷偷跑到山上的破房子裡修法。有一次放牛，仁波切的腳被木橛刺穿了，生產隊不得不讓他長期休息養傷，傷稍稍轉好一點，他就趕緊抓住這個難得的機會開始了秘密的閉關修行。

二十二歲，仁波切正式出家，在格拉dGe-Lag、阿協爾A-SHer為首的十位堪布座前受近圓戒，此後，開始四方參修。二十幾年中，他的足跡踏遍了整個藏區幾乎所有的佛教聖地，就像善財童子和常啼菩薩一樣，四處參訪高僧大德，拜師求教。他在父親阿宗．珠巴仁波切座前聽受了以《隆欽全集》為主的全部教授，在喇嘛南傑bLa-Ma-rNam-rGyal座前聽受了《寧提全集》，在喇嘛寧扎bLa-Ma-sNYan-Grags座前聽受了貢欽．隆欽繞絳的《四部寧提》和《寧瑪十七大續》，在瓊波格隆KHyung-Po-dGe-sLong座前聽受了《前行》和《覺悟根本灌頂》，在楚西'aKHrul-ZHig仁波切座前聽受了《頂果欽哲仁波切教法全集》，在當代寧瑪派法王頂果欽哲仁波切座前聽受了全知吉美林巴的《隆欽寧提》兩函，在噶舉派大成就者嘎諾Ka-Nor仁波切（第十六世噶瑪巴的上師）座前聽受了《米拉日巴的耳傳教授》和《大手印》，在堪布阿協爾座前聽受了《持明全集》，在白玉．珠旺仁波切座前聽受了《寧提》等法要。通過長期閉關苦修，成為通達顯密的大圓滿導師。

仁波切很小的時候，就崇拜聖者米拉日巴，並迫切期望做一個像米拉日巴那樣的修行人。長大以後，他最喜歡的就是住山修行。多數時間，他一個人住在深山裡，人們很難見到他的蹤影。二十多年，他把大部分的時間用來閉關苦修。他多次在蓮花生大士等大成就者加持過的聖地閉關專修，桑耶青樸、丹薩梯、崗日托崗、甲布日、貢布日、哈布日、秋布日、薩布隆、衛域、夏拉康、察葉巴、彭域、崗底斯神山……他四處流浪，從這個山洞轉到那個山洞。有一次，他一個人住在冬熱神山中閉關，兩個多月沒有吃一粒糧食，家裡的人怕他餓死，便派了人去看，當派去的人打開門時，只見他直豎豎的坐在那兒，渾身瘦得皮包骨頭。

在仁波切的身上，具足了諸佛菩薩的慈悲與品德。他秉性良善，處處把別人的利益放在首位，從不顧及自己。即使是和弟子們相處也是這樣。幾次到漢地，不管走到哪裡，他都是聽弟子們的安排，從不要求弟子去為自己做任何事。路經成都，為了不給徒弟們添麻煩，多數情況下，他都是住在旅館裡，悄悄來、悄悄走（珠巴仁波切也是這樣）。有時候，徒弟們有煩惱，他總能事先察知，並為弟子們分憂。

仁波切對自己要求極嚴，處處以身作則，嚴持戒律，硬捨身命，從不違越。幾十年來，一直堅持「過午不食」、「夜不倒單」。他為人謙卑，不喜歡張揚自己，雖然得到了「扎龍」的成就，但從不顯露任何神通。他對弟子們說，「覺悟，是整個佛法的根本，如果時時處在覺悟當中，其他的一切都無關緊要。」

仁波切對上師非常尊重，每次見到珠巴仁波切，都是以「喇嘛」相稱，珠巴仁波切在日，他除了教授「扎龍」外，從不收徒弟，也不為人灌頂傳法，更不接受別人額外的供養。有一次在拉薩，一個商人要供養他一幢房子，好讓他有一個安身的地方，請求了好幾次，他都沒有接受。

身為珠巴仁波切的兒子，他心中沒有任何對父親財物和地位的貪念。別人供養他的錢財，他全部用在放生、刻經板等利益眾生的事業上，自己則經常像乞丐一樣，除了身上的僧衣和日常念誦用的經書，一無所有，直到珠巴仁波切在圓寂前的兩三年給他蓋了房子之前，他一直居無定所，沒有屬於自己的房子。為了接續利益眾生的事業，珠巴仁波切圓寂前，數次請他出來主持寺院，他都不答應，直到最後一次，仁波切以「你不答應，我馬上就走（圓寂）」相要挾，他才不得已答應下來。

接任阿宗寺主座以後，仁波切對自己的要求更是嚴上加嚴。每次傳法，要求弟子們做到的，他自己首先做到。在傳法授徒上，嚴格恪守次第，一絲不苟。有時候，弟子們因為受無始以來業力習氣的纏繞，修行產生了懈怠，仁波切總是耐心引導加持，讓弟子生起愧悔之心，自己去改正錯誤。

總而言之，阿宗．江嘎仁波切是一位顯密通達、教證圓滿的聖賢，五濁惡世輪迴眾生難得的救主，大圓滿教法的傑出導師。他的功德，正如殊勝上師阿宗．珠巴仁波切所贊嘆的那樣：「純淨無垢能仁教證藏，總集江音確吉尼瑪尊，三種傳承大海之教主，皈依尊前事業得增廣。」

以上殊勝上師江嘎仁波切希有應化史實，由業重障深劣慧之弟子久美洛莎嘉措多次殷重祈請，根據上師口述和弟子們的真實見聞整理匯集，核實無誤。廣大無礙智慧之行跡，一如須彌大海難度量，恆沙一粒滄海水一滴，具信善緣悉超輪迴地。吉祥如意!

五、甲色仁波切久美多傑傳略

三身圓滿種種殊勝極希有，

教證通達二利究竟大悲尊，

見修行果四事無礙虹光身，

深恩無比上師足前誠敬禮。

甲色仁波切久美多傑`aGyur-Med-rDo-rJe，藏曆第十五繞迴火猴（1896）年生於西藏東部崇KHrom地（今四川省白玉縣昌台區）的阿宗寺（安章寺）。被敏珠林炯仁波切等多位大德善知識公認為鄔金德達林巴Ao-rGyan-gTer-bDag-gLing-Pa和白玉佳珠白瑪朵昂丹增dPal-Yul-rGya-sPrul-Pad-Ma-mDo-sNGags-bsTan-`aDZin的轉世活佛。於過去世，曾經化生為殊勝上師噶繞多傑、虹身成就者喜日森哈、印度八大持明之一的阿者黎辛底嘎巴、八十成就者之中的扎嘎哈那、藏地大譯師藏文的創制者吞米桑布扎、大譯師貝若扎那、蓮花生大士二十五成就弟子中的佳瓦確陽和佳瓦強曲、掘藏大師達瑪隆即堅燦、大成就者絨松班智達、米拉日巴的弟子惹瓊哇、嘎舉大成就者香巴嘎舉的開山祖師瓊波南覺等善知識。

甲色仁波切的父親是第一世阿宗．珠巴仁波切卓兌巴沃多傑，母親扎西拉母是嶺國王室屬下扎系理塘春本昌的女兒，被文殊再世的貢珠仁波切和佳絨伏藏師等善知識一致公認為空行母的轉世。她聰慧善良，才智非凡，一生勤奮修持蓮花生大士、大悲觀世音、金剛手和大圓滿心髓正行，七十三歲圓寂時，頭頂骨上現出了自生的空行母像。

仁波切出生時，處於昏迷狀態，有個名叫釋迦喜日的修行人說恐怕很難養活，父母於是把全寺的僧眾召集起來繞米久多傑舍利塔，一邊繞一邊說：「您到這兒的來，路上有好多艱險崎嶇，太辛苦了，有上師鄔金蓮花生和金剛護法像母親一般的保護著，什麼意外也不會發生。」

六七歲的時候，仁波切在父親阿宗珠巴的指導下開始讀寫認字，學習《三十頌》、《四願文》等入門知識，無論讀寫，一學就會。這時候，在仁波切幼小的心靈中已經萌生了真實的出離心和大慈悲心。

十三歲那年，噶妥司徒仁波切邀請父親阿宗珠巴傳授《心髓四種》的灌頂，仁波切也一同前往。司徒仁波切特意為他準備了法座，賜名鄔金丹增多傑白桑布。這一年，阿宗．珠巴為掘藏師仁青林巴、堪布喜桑等二十一人傳授《隆莎扎龍》，仁波切也在聽法之列。此後，又多次在父親阿宗•珠巴仁波切座前聽受了《解脫明燈》、《前行指導——普賢上師教言》、《隆莎前行》、《吉准心髓》、《心髓四種》、《三種休息》、《七藏》、《三自解脫》、《醫學四續》和珠巴仁波切的伏藏法要等深密教授。

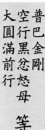

十九歲，木虎年，在噶妥司徒仁波切確吉佳措座前出家，號土丹吉美確吉堅燦THub-bsTan-`aJigs-Med-CHos-

Kyi-rGyal-mTSan。司徒仁波切非常喜歡，贈以釋迦佛銅像、鈴杵等加持物。

之後，仁波切又在噶妥貝瑪堅燦座前聽受了《寧瑪十萬續部》、《格則班智達文集》九函、《入中論》、敏珠林鄔金曲扎的《秘密心要總義珍寶蔓》、米旁仁波切的《秘密心要總義光明心要》，在掘藏師仁青林巴座前聽受了新伏藏全集，在竹青堪布寧扎座前聽受了《俱舍論》，在喇嘛貢桑丹增座前聽受了《三律儀大疏》，在日阿珠土丹協珠佳措座前聽受了《天法佛陀手持前行》、《天法前行正行引導》、巴珠仁波切《功德藏釋》等法要，……

父親阿宗珠巴圓寂後，甲色仁波切繼任阿宗寺寺主。主持修建了大經堂、上師靈塔殿等福田所依，繼續弘傳大圓滿法要。

仁波切不僅博學多才，而且有極高的修證。當時寧瑪派的大法王敏珠林炯仁波切阿旺曲扎聽了甲色仁波切的大圓滿講解後，曾不止一次地在公開場合中說：「如今的多康地區，有資格傳授秘密心髓教法的上師，除阿宗甲色久美多傑外，再沒有旁人。」

甲色仁波切主持阿宗寺傳法事務期間，整個西藏乃至印度、不丹、尼泊爾等周邊國家的信徒都來阿宗寺求學，每次傳法，聽法的弟子都不下八九百人。「阿宗法會」，名盛一時。普陀山聖僧根造和密顯西康求法數年，最後來到了阿宗寺，在甲色仁波切座前聽受了《隆欽寧提》和珠巴上師的伏藏《大悲救拔輪迴》等法要和口訣，以甲色仁波切為自己的根本上師，後來在上海創建常樂精舍，在香港、紐約、溫哥華創建大圓滿中心，弘傳大圓滿法要。

仁波切的主要弟子有第二世絳陽欽哲確吉洛卓、阿宗珠巴活佛的轉世土丹白瑪逞列白桑布、德雄曲珠．貢嘎丹貝堅燦、竹青寺大堪布土丹寧扎、多欽哲之孫多仁波切寺院的活佛讓迥和班丹、白日寺大堪布、堪布洛卓、當曲、嘎瑪巴扎，以及前不久在桑耶寺圓寂的竹青寺喜日森佛學院大堪布白瑪才旺等。

藏曆土豬（1959）年，拉薩事件爆發，仁波切和其他活佛喇嘛一樣被牽連入獄。七月初十上午，色身迴歸於本初法界。

甲色仁波切一生著述頗豐，有《幻化道次廣注》等文集和多種伏藏典籍流傳於世。

以上殊勝上師之應化史實，由傳承弟子中最極愚劣之凡夫久美洛莎從傳記中摘出，有緣聞見者悉皆解脫輪迴苦海！

附：根造上師（公元1913-1993年）

根造上師是一位顯密兼修的行者，他在這兩方面都有高深的造詣，而為四眾弟子所敬仰。他在紐約創立的「美國大圓滿心髓研究中心」，於一九八九年落成，是美國紐約的永久道場，上師在此弘化，欲光大弘揚寧瑪派的密法，可惜研究中心落成後二、三年間，他健康衰退，回到香港，未久就示寂了。

根造上師是廣東省潮陽縣人，一九一三年（民國二年）出生。家族世代經商，家資富實。他自幼循序就學，二十歲時，因為母親病故，使他悲痛萬分，感於人生無常，遂有出家之想。後以家中專務纏身，蹉跎數年。到一九三六年（民國二十五年），因緣成熟，投入浙江省普陀山常樂庵，禮了塵法師座下披薙出家；當年在蘇州北塔寺照三老和尚座下受具足戒。圓戒後返回普陀山，依師學習佛門儀規、閱讀經典、修習禪定，在普陀山潛修十餘年之久。

一九四八年（民國三十七年）春，根造與同在普陀山潛修的密顯法師，二人相約欲結伴同行，赴西康學習密教。尚未成行之際，有無錫惠山聖覺寺的住持超一法師，來朝禮普陀山，聞得二人將赴西康學法，乃往常樂庵相訪，提供赴西康的經驗。原來超一於民國十四年（一九二五年）間，曾隨大勇法師領導的入藏學法團，赴西康學法，途中行到甘孜，西藏方面誤會學法團有政治目的，拒絕進入西藏，學法團乃滯留於甘孜數年。後來超一奉太虛大師之召，與法尊、觀空等人返回重慶，任教於漢藏教理院。日寇投降之後，受請出任無錫聖覺寺住持，在南京、上海等地設壇傳授密乘。超一在甘孜期間，曾依頗章喀仁波切受學。頗章喀仁波切曾囑咐超一、終身乃至盡未來際，不得學習紅教，超一發願遵守。因此，當超一聞知二人將赴西康，特來勸導二人，到西康時勿學紅教，二人唯唯應之。

是年六月，根造、密顯二師由普陀山出發，自上海買輪西上，抵達重慶。在重慶參謁雲南麗江噶居派的督噶呼圖克圖，二人依呼圖克圖學法，得受地藏灌頂。月餘之後，啟程赴西康，於薩迦寺謁老堪布扎巴降澤上師，於短期間依止學藏文，受度母、蓮師、長壽、觀音等法。後來再到德格，持甘孜白利汪堆土司的介紹函，請求西康藏族自治區區政府副主席夏克刀登的幫助，得見到德童仁怎悟色多傑林巴，傳授二人無上部度母大灌頂，及蓮社十二因緣除障法。此後並至八邦寺，得到十一世泰錫杜的協助安排，依卻登堪布學習藏文文法、書法，並得卡魯仁波切傳授六臂大黑天、白傘蓋劍母、二十一度母等灌頂。二人在八邦寺學習年餘，於一九四九年十一月，到康南理化的格魯派大寺參學，後來因該寺流行天花，二人恐被傳染，乃辭別離寺，繼續在康地參學。

一九五一年，根造、密顯二師，自西康回到上海，在《覺有情》雜誌上發表有關康藏佛教的文章，介紹藏傳佛教各派的概況。一九五三年，為了弘揚寧瑪派密法，根造上師在上海黃陂路成立「常樂精舍」，由密顯上師負責講經，根造自己負責傳法修法；是年十一月，根造、密顯二師到北京民族學院，晉見任教於該學院五世貢噶呼圖克圖，貢噶呼圖克圖在民族學院任藏文和歷史教授。二師延請呼圖克圖到北京淨蓮寺供養四日，呼圖克圖也予以開示。淨蓮寺住持慈舟老法師，是密顯出家後最初的親教師，二人為慈舟老法師禮座，事畢業返回上海。

一九五四年春，根造上師應藏族頭人夏克刀登居士之請，再次去西康登柯縣，於昂藏寺甲色仁波切處求受大圓滿心髓灌頂。根造修學精進，受到甲色仁波切的器重，傳以瀉瓶灌頂，並授為大圓滿心髓法脈第五十四代傳人。根造在西康，除學會藏族語言文字外，還學會藏傳工藝，如畫佛像、做供品、莊嚴壇場等。從此以後，他成為漢僧弘傳西藏密教的金剛上師。此外，他還受噶陀寺溫波活佛的傳授阿羅漢灌頂。一九五五年元月十日，根造上師結束第二次入康學法，離開登柯縣昂藏寺，動身返回上海，回上海後，在常樂精舍傳法灌頂。

一九六六年六月，文化大革命期間，根造曾遭受鬥爭，和全國大多數的僧侶一樣，被驅逐出寺院一他在上海的常樂精舍，下放到農村參加勞動改造。這種苦難的生活過了十多年，十年浩劫過後，一九八二年春天，根造回到他離別多年的廣東故鄉潮陽縣，住在汕頭鹽埕街的又祥法師處。一九八三年，上海的明暘法師出任龍華寺住持，他邀請根造到上海，擔任龍華寺監院，以此因緣，根造到了上海龍華寺，再度落髮恢復僧相，擔任龍華寺監院，並參加上海的佛教活動。同時，南海普陀山普濟寺，也請他擔任普濟寺都監。普陀山是他早年落髮出家之地，此後他往返上海與普陀山之間。

一九八四年，根造上師被選為上海市佛教協會副會長。一九八五年，應香港信眾之請，偕密顯上師同往香港，傳「大圓滿心髓法」，弘揚寧瑪派教義，二人在香港成立了「大圓滿心髓研究中心」。

一九八六年夏，根造上師應紐約的美國佛教會之請，偕同密顯上師赴美弘化。抵達紐約後，在大覺寺講經。後來美國佛教會副會長沈家楨居士，禮請他出任大覺寺住持，根造以要在紐約創建大圓滿心髓中心，因不克分身予以辭謝。

一九八七年，根造上師在紐約開始興建「美國大圓滿心髓研究中心」，一九八九年夏末中心落成。

根造上師以此中心為美國紐約的永久道場。「大圓滿心髓研究中心」於一九九〇年的九月九日，舉行了落成典禮和蓮花生大士法像開光。美東佛教諸山長老，及中國佛教協會副會長、龍華寺方丈明暘法師，上海市佛教協會會長，上海玉佛寺、靜安寺方丈真禪法師，西雅圖薩迦派法王大欽仁波切等，都前去參加了開光典禮。後來真禪法師出任開封大相國寺住持，根造上師函囑他香港皈依弟子、企業家楊釗居士，予大相國寺以大力支持。楊釗居士在港耗資五十餘萬港幣，鑄造大銅佛像二尊，運抵開封捐贈給大相國寺，為曾遭文化大革命破壞的相國寺增色不少。

根造上師於一九八六年抵達紐約，前後弘化六年，一九九二年以健康衰退，返回香港受在家弟子楊釗的供養，一九九三年六月一日，在香港養和醫院示寂，世壽八十四歲。

（於淩波 著）

阿宗寺簡介 （阿宗江嘎仁波切 口述）

編者按：據《白玉縣誌》載，清乾隆七年（1742），阿宗寺（安章寺）由青海蒙古族部落「擁入」家族後裔曼德仁真清波所建。至咸豐五年（1855）成為宏傳寧瑪派大圓滿心髓的著名寺廟，從國內康藏、青海、甘肅、上海等地和印度、尼泊爾、不丹、錫金等國來的僧侶絡繹不絕。阿宗寺的歷代活佛中，阿宗珠巴活佛為康區一代心髓派大師，有許多大圓滿心隨著述傳世。阿宗寺還是白玉縣內唯一保存了原建築的寺廟，其心髓眾部講堂內有康區著名雕塑大師甲色八馬洛珍泥塑的心髓部眾尊主，為康藏地區一絕。

本文是關於阿宗寺歷史和法流的較為詳細地介紹，由金剛道友、瑜伽行者李學愚供稿。

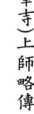

阿宗寺簡介

阿宗江嘎仁波切 口述

李學愚 翻譯整理

一、寺院簡況

阿宗A-`aDZom寺，舊譯昂藏寺、安章寺、安宗寺，全稱阿宗奧莎梯確林A-`aDZom-`Aod-gSal-THeg-mCHog-gLing（阿宗光明勝乘洲）。座落在金沙江的支流昌曲河上游，今四川省甘孜藏族自治州白玉縣昌台區麻邛鄉境內，海拔4500米的扎喜東嘎崗bKra-SHis-Dung-dKar-sGang（吉祥白螺山崗）上。前面群峰，形如八吉祥物環列；頂上山嶺，如昌巴達吉擁護。對面冬熱Dung-Ral神山，是蓮花生大士身、語、意、功德、事業五聖地中的功德聖地，為南贍部洲二十五座神山之一，埋藏著許多伏藏，山上有蓮花生大士和益喜措嘉住修過的山洞、第一世阿宗珠巴活佛取藏處等聖跡；山下，昌曲河清冽如鏡，由南向北奔騰不息，河床上留有噶薩爾王的馬蹄印。

阿宗寺是至尊度母加持的寺院，具有悠久的歷史沿革和古老的佛教傳統。現存的大經堂為藏式土木結構，由第一世甲色活佛住世時主持興建。經堂分上下兩層，下層內部四壁裝飾有巨幅壁畫，為上師傳法和僧眾們誦經的場所，只設法座，不塑佛像；上層為小經堂，供奉有第一世甲色活佛和第二世珠巴活佛的靈塔以及許多前輩活佛的加持所依物。緊靠大經堂的左邊，是另一座新建的經堂，它的下面正是第一世珠巴活佛當初興建阿宗寺時第一座經堂的基礎，據說，原來的經堂內塑有一尊蓮花生大士調伏情器像，具有極大的加持力，可惜已無緣見到。這座經堂的後面是甲色活佛的拉章（駐錫地），第一世甲色活佛、第二世珠巴活佛曾多次在這裡傳法，2002年新任寺主江嘎活佛首次傳講《益喜喇嘛》也在這個小院落內。小院上去一點，是珠巴活佛的拉章，第一世珠巴活佛和第二世珠巴活佛都曾在這裡居住。珠巴活佛住世時，這座二層藏房前面的空地上，每天都有長長的隊伍等待覲見。拉章的旁邊，是寺院存放經板和印經的地方，裡面保存有包括《隆欽七藏》在內的大量木雕印經板。從這裡上去，就是靈塔殿，為第一世甲色活佛所建。殿內正中央供奉著第一世珠巴活佛仁增．卓堆巴沃多傑的靈塔，兩邊是仁增．卓堆巴沃多傑的一女一子——直美旺姆和白瑪旺傑的肉身塔。緊挨靈塔殿的是白瑪旺傑住修過的房子，附近不遠處還有直美旺姆閉關時的關房。

第一世珠巴活佛和甲色活佛修行時住的房子在海螺形山的半山腰上，今已不存。在珠巴活佛原來房子的舊址上建有江嘎活佛的拉章。山腳下，是第二世珠巴活佛主持新建的阿宗佛學院，置有講堂和僧舍。講堂的小佛堂內供奉有第二世珠巴活佛的靈塔和大堪布曲喬的靈塔。佛學院旁邊的高坡上建有第二世珠巴活佛的靈塔殿，黃色琉璃瓦覆頂，漢式雙重飛簷，莊嚴整肅。殿內正中為巨大的珠巴靈塔，周圍牆壁上繪有阿宗歷代上師像。靈塔常雨舍利，有緣者可以得見。

阿宗寺前面的山坡上，有留有第一世甲色活佛和第二世珠巴活佛腳印的巨石，還有自然生出六道金剛咒的石板。另外，在山下昌曲河右岸靠近冬熱神山的地方，有一塊留有第一世珠巴活佛腳印和手印的巨石，據說是珠巴活佛少年時從河對岸飛來時的落足之處。此外，還有留有仁增青波腳印的巨石、自生度母岩等許多極具加持力的聖跡。

歷史上，阿宗寺曾經領有眾多的屬寺，比較有代表性的有：印度的巴登寺，尼泊爾的多處子寺和閉關院，阿裡象雄的分寺，昌都的格日龍寺，斯德喀寺、喀查寺、魯達寺、額貢寺、貢尼寺、土丹強曲林寺、嘎傑扎瑪寺、扎貢寺等等。這些寺院由阿宗寺上師、堪布負責傳承教法、指導修行和寺院建設。

二、歷史沿革

阿宗寺始建於公元十六世紀中葉，最初的名字叫則康瑪（紅頂殿），在今理塘縣境內，由第三世達賴喇嘛索南嘉措賜地與信物，扎西奔興建。若干年以後，噶妥寺轉世活佛本魯，住錫於此，寺院亦隨之而成為噶妥寺的屬寺。後來，本魯移住宗義寺DRung-Yig-dGon-Pa（今白玉縣麻絨鄉境內），寺院亦隨之遷移。

本魯圓寂後，白．桑結扎西sBas-Sang-rGyas-bKra-SHis繼任寺主，因白．桑結扎西弟兄五人名字中都有「扎西（漢譯義『吉祥』）」二字，又都是轉世活佛，家裡一個名叫卡格KHa-dGe （漢語義『善嘴』）的傭人驚喜莫名，連呼「阿察木（漢譯義『希有』）！阿察木！真是『阿宗布(十全十美)』」，此後人們都管喇章bLa-BRang（上師的房子）叫「阿宗」。這就是阿宗寺寺名的由來。

白．桑結扎西的轉世活佛仁增青波Rig-`aDZin-Chen-Po是一位掘藏大師，曾擔任過德格土司的國師，他在昌曲河下游的深山中新建了更古雅瑪廳rKe-`aGu-Ya-Ma-Thing寺，傳法授徒，名重一時。當時，寺院常住僧眾有500多人，領有附近的薩迦、寧瑪好幾座屬寺，是昌臺地區最大的寺院。

仁增青波的轉世為仁增．卓堆巴沃多傑，即第一世阿宗．珠巴活佛。仁增．卓堆巴沃多傑，先在冬熱神山對面的山谷中修建了彭措噶察PHun-TSogs-dGa`a-TSal（漢譯義「圓滿極樂園」）,後又修建了奧莎梯確林Aod-gSal-THeg-mCHog-gLing（即今天的阿宗寺）。

仁增．卓堆巴沃多傑的兒子甲色活佛久美多傑擔任寺主的時候，阿宗寺已基本上具備了現有的規模，擁有大經堂、印經院、講經院、佛學院等設施。

文革及十年動亂期間，阿宗寺和其他寺院一樣遭到了毀壞，許多珍貴的木刻經板散失殆盡。改革開放以後，從上世紀八十年代開始，第二世阿宗．珠巴活佛多方設法恢復修繕，經過近二十年的努力，修復了佛學院，並添置了許多經書佛像，增刻了部分經板，使阿宗寺重新煥發出了勃勃生機。

三、歷代寺主

第一任寺主：扎西奔（約公元十六世紀）

第二任寺主：本魯（約公元十七世紀）

第三任寺主：白．桑結扎西（十七世紀末至十八世紀初）

第四任寺主：仁增青波 (1756-1840)

第五任寺主：第一世阿宗．珠巴活佛仁增．卓堆巴沃多傑（1842-1924）

第六任寺主：第一世阿宗．甲色活佛仁增．久美多傑（1896-1960）

第七任寺主：第二世阿宗．珠巴活佛仁增．土丹貝瑪逞列（1926-2001）

第八任寺主：阿宗．江嘎活佛江音確吉尼瑪（1951-）

四、教法傳統

阿宗寺的歷代寺主都是修大圓滿法成就。所以從建寺起，迄今為止的四百多年間，一直以弘傳舊譯密乘大圓滿教法著稱。

阿宗寺的大圓滿傳承法系眾多，至今傳承不絕。其中絕大部分屬伏藏傳承。伏藏傳承中又以貢欽．吉美林巴（舊譯智悲光尊者）的《隆欽心髓》和貢欽．隆欽繞絳（舊譯無垢光尊者）的《心髓四種》、《三休息》、《隆欽七藏》為主。每年春秋兩季，寺院舉行《益喜喇嘛》的傳講引導，並根據情況輔以其他教授。冬季傳講扎．巴珠仁波切的《隆欽心髓前行指導——普賢上師教言》，領修破瓦，並傳授《隆欽心髓》灌頂。

此外，上師還根據情況，傳授仁增青波和第一世珠巴活佛發掘的一些伏藏法要，其中主要以珠巴活佛仁增．卓堆巴沃多傑的伏藏《光明金剛密藏》為主。

因為阿宗寺的歷代寺主都是博學的成就大德，不僅精通寧瑪派的教法，而且熟諳薩迦、噶魯、嘎舉各派的教法。遇到合適的機緣時，也傳授一些其他派的法。

阿宗寺大圓滿《隆欽心髓》上師傳承：

五、活佛世系

阿宗寺的上師活佛世系以第一世珠巴活佛為界，可分為前後兩個時期：

（一）前期

扎西奔（約公元十六世紀）

本魯（約公元十七世紀）

白．桑結扎西（十七世紀末至十八世紀初）

仁增青波（十八世紀末至十九世紀初）

（二）後期

1．珠巴世系

第一世阿宗．珠巴活佛仁增．卓堆巴沃多傑（1842-1924）

第二世阿宗．珠巴活佛仁增．土丹貝瑪逞列（1926-2001）

2. **古瓊世系**

第一世溫珠古瓊

第二世娘珠古瓊

第三世蔣珠古瓊

第四世古瓊噶爾瑪扎西

3. **日巴南卡多傑世系**

第一世日巴南卡多傑

第二世增巴揚珠

第三世久美楚臣嘉措

4. **索嘎世系**

第一世索朗佳措(卓堆巴沃多傑之父)

5. **洛莎嘉措世系**

第一世洛莎嘉措

第二世久美洛莎嘉措

6. **甲色世系**

第一世阿宗．甲色活佛仁增．久美多傑（1896-1960)

第二世阿宗．甲色活佛普巴

7. **白瑪旺傑世系**

第一世白瑪旺傑

8. 南卓桑波世系

第一世南卓桑波

9. 直美旺姆世系

第一世直美旺姆

10. 江嘎世系

第一世阿宗．江嘎活佛江音確吉尼瑪（1951-）

11. 桑結多傑世系

第一世桑結多傑

第二世索南扎西

12. 郭察世系

第一世郭察南卓

第二世

第三世

第四世

第五世

第六世達波．丹增諾布

13. 尼瑪奧色世系

第一世尼瑪奧色

第二世尼瑪次仁

14. 塔青世系

第一世塔青

15. 南傑世系

第一世南傑

16. 益喜嘉措世系

第一世益喜嘉措

17. 日洛世系

第一世噶旺珠古

第二世娘絨珠古

第三世日洛

18. 日庫巴洛世系，

第一世?

第二世日庫巴洛

（以下為編者所加）

珠巴活佛二世土丹貝瑪逞列在漢地有數千弟子，有很是教授和學者，他們是黃輝邦、王沂暖、陳兵、劉兆麒、何天慧、劉繼漢、馬瑞江、徐岱、釋本學 、釋妙空、釋宏亮、楊焱、蕭非等，其中精通藏漢兩種文字者有：

（1）根造法師:主要著作有《大圓滿前行引導文》、

《常樂文庫》、《旅美新證>等。

（2）念慈法師：畢業於上海佛學院，主要譯作有《隆欽大圓滿深慧心髓念誦儀軌》、《銅色吉祥山祈願密道》等。

（3）劉兆麒: 畢業於西北民族學院，譯著頗豐，主要譯作有《大佛頂首楞嚴神咒》（注音本）、《隆欽大圓滿心髓集要》、《欽則書信集》、《大圓滿三部》、《日常法行念誦次第》、《密行集錦》、《修心筆錄》、《空行心髓請受甘露金鬘》等。

（4）宗哲：現任白玉寺堪布，精通藏漢兩種口語。

（5）何天慧:畢業於西北民族學院，主要譯作有《隆欽大圓滿心髓集要》。

（6）王沂暖:早年畢業於北京大學，世界著名藏學家、翻譯家，主要著作有《西藏王統計》、《王沂暖詩詞選》、《格薩爾王傳》等，是世界公認的藏學界權威。

（7）李學愚:主要譯著有《阿宗寺上師略傳》。